mein Lettering Training

Alle Übungen und Vorlagen zu diesem Buch stehen in der Digitalen Bibliothek unter www.topp-kreativ.de/digibib nach erfolgreicher Registrierung zum Download zur Verfügung. Den Freischalte-Code findest du im Impressum.

KATJA REITER

mein Lettering TRAINING

IN 10 EINHEITEN ZUM ERFOLG

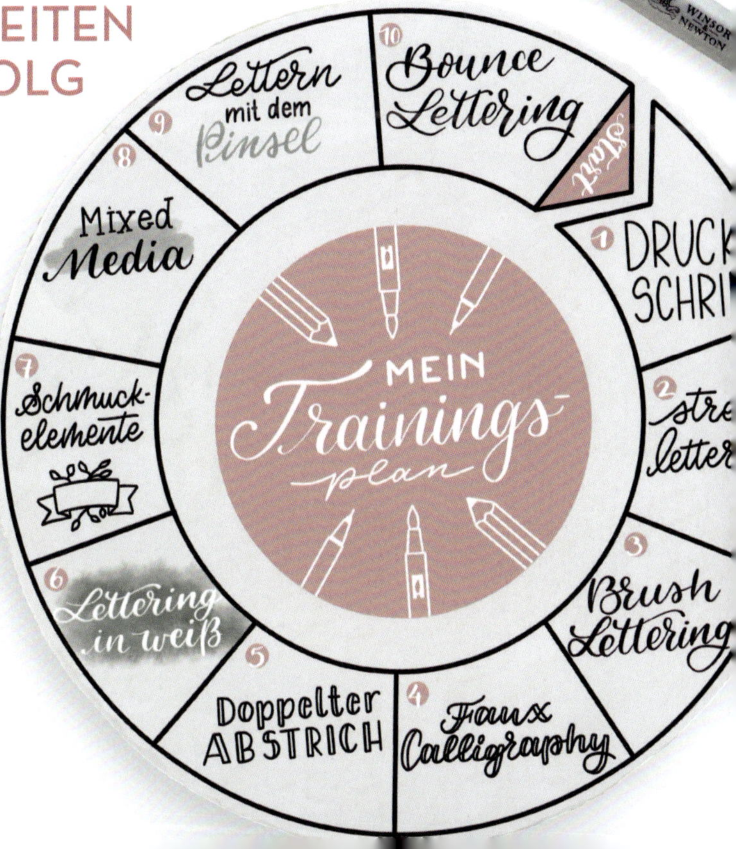

Inhalt

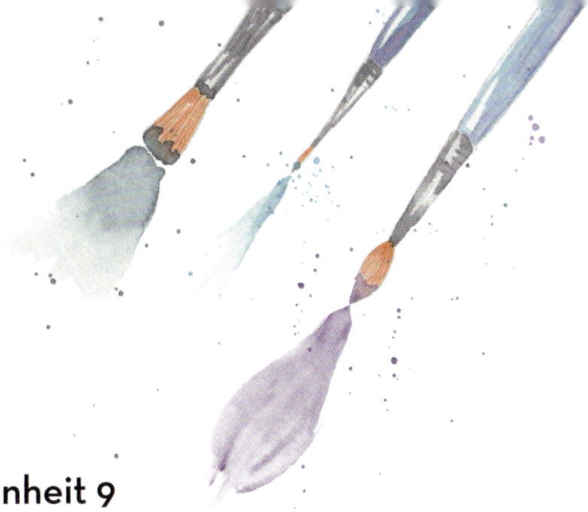

Übungseinheit 6

Übungseinheit 7

Übungseinheit 8

Übungseinheit 9

Übungseinheit 10

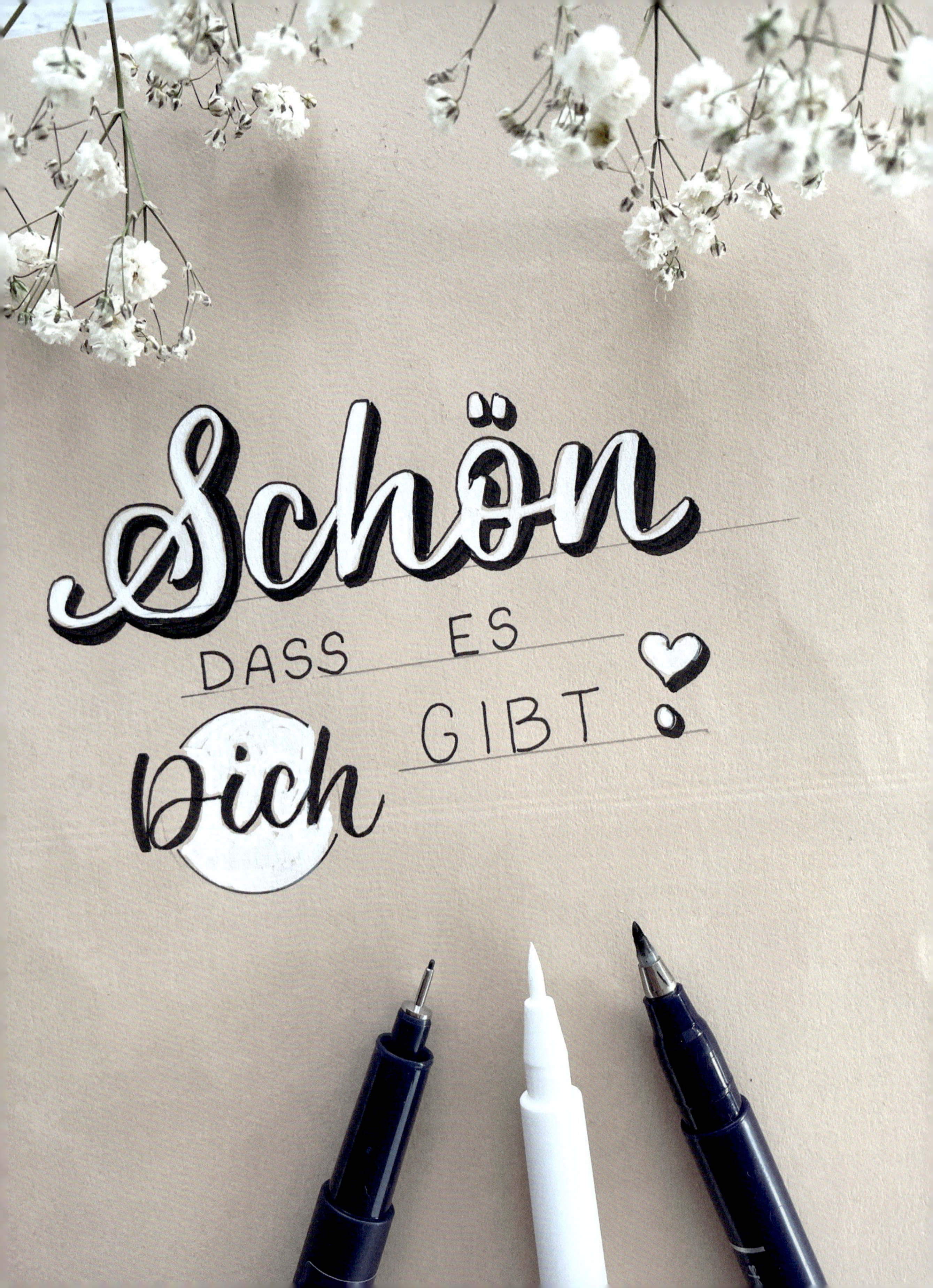
Schön
DASS ES
DICH GIBT!

Hallo, schön, dass du da bist ♡

Ich freue mich sehr darüber, dass dieses Buch dein Interesse geweckt hat.

Das Gefühl von Papier, Stiften und Pinsel in meiner Hand liebe ich sehr. Das Gestalten von Buchstaben ist für mich mehr als nur ein Hobby. Der Entdeckung meiner kreativen Seite verdanke ich meine gesunde Seele. Denn beim Malen bin ich bei mir selbst; ich schaffe es, die Herausforderungen des Tages zu verarbeiten und zu zeigen, wer ich bin.

Daher ist es mir ein großes Anliegen, dich dabei zu unterstützen, deine Kreativität zu finden und auszuleben.

Dieses Buch zeigt dir eine Form der kreativen Entfaltung: das Lettern. Mit Hilfe von zehn Übungseinheiten möchte ich dich ermuntern, dich in dieser Kunst auszuprobieren und durch das regelmäßige Training Erfolge zu feiern.

Lass uns gemeinsam loslegen!

Deine Katja

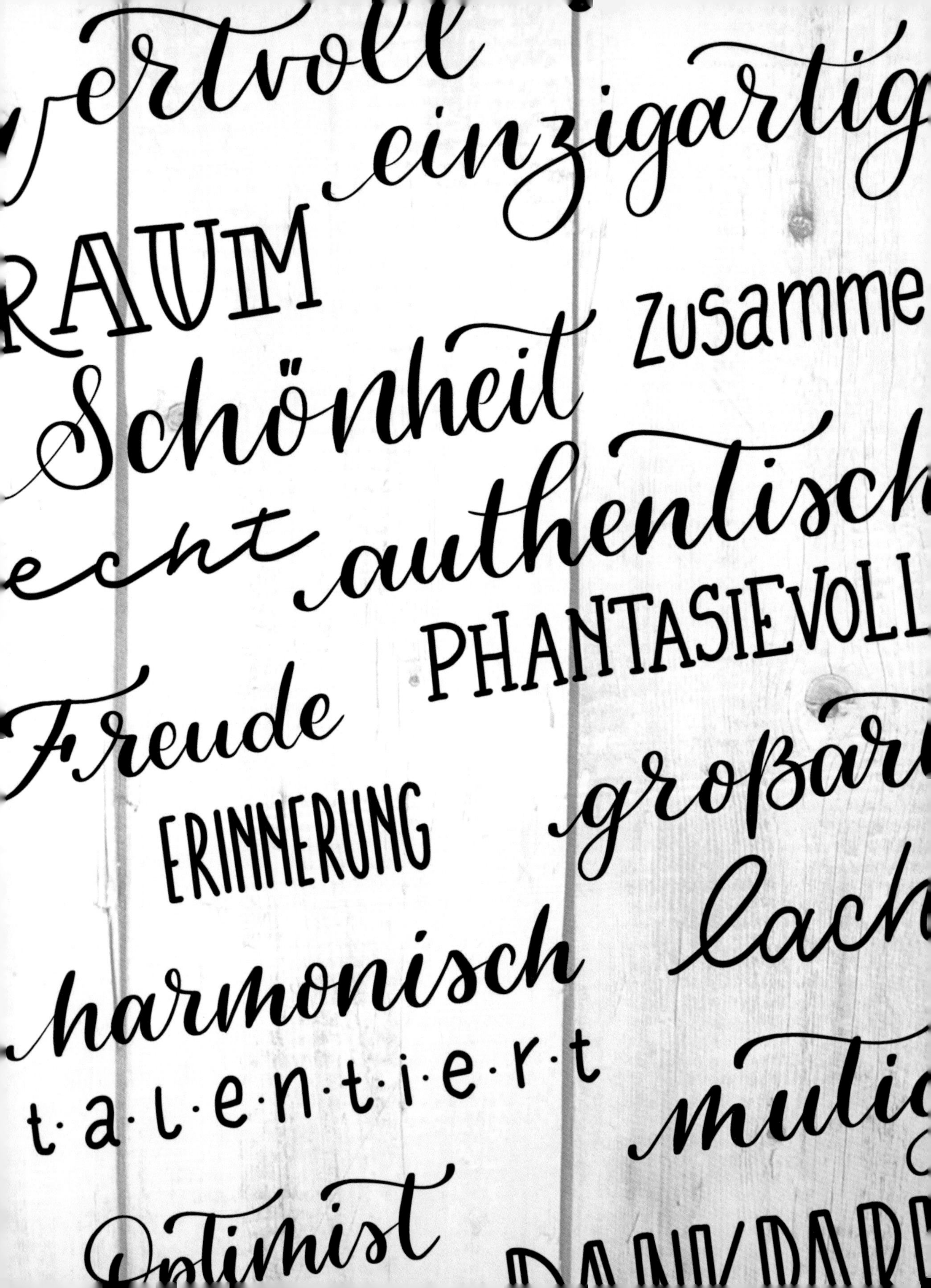

wertvoll
einzigartig
RAUM
Zusamme
Schönheit
echt
authentisc
PHANTASIEVOLL
Freude
großar
ERINNERUNG
harmonisch
lach
t·a·l·e·n·t·i·e·r·t
muti
Optimist
DANKBAR

Das Buchkonzept

Ganz vorneweg: Was ist ein Lettering denn genau? Lettering heißt ins Deutsche übersetzt „Beschriftung“. Das klingt etwas sperrig, meint aber gestaltete Buchstaben oder Schriftzüge. Den kreativen Vorgang des Gestaltens der Buchstaben nennt man lettern. Übrigens: Eine unleserliche Handschrift bedeutet keineswegs, dass man das Lettern nicht erlernen kann – es hat eigentlich viel mehr mit dem Malen von Formen zu tun.

Dieses Buch ist so aufgebaut, dass dich nach etwas Theorie zehn Übungseinheiten tiefer in das Thema Handlettering eintauchen lassen. Dabei ist es wichtig zu wissen, dass sich der Schwierigkeitsgrad der einzelnen Übungseinheiten langsam steigert. Du kannst sie immer wieder von Neuem angehen. Eine prima Hilfe sind dabei die „Schöne-Wörter-Liste“ und die „Sprüche-Liste“ am Ende des Buches. Suche dir gern dort immer wieder neue Wörter oder Sprüche heraus, die du dann in unterschiedlichen Schriftarten üben kannst.

Um das Lettern zu lernen, sollte unser Handgelenk mitsamt der Muskulatur regelmäßig trainiert werden. Dabei helfen dir die Aufwärmübungen, die du in jeder Einheit findest. Lasse diese Übungen möglichst nicht aus, denn sie sind entscheidend für den Erfolg.

Außerdem findest du in der digitalen Bibliothek viel Zusatzmaterial wie zum Beispiel einige Aufwärmübungen und Alphabete zum Ausdrucken und Üben. Wenn du ein Tablet hast, kannst du die Seiten auch dort hochladen und so deine Fähigkeiten um das digitale Lettern erweitern. Es gibt tolle Apps, beispielsweise Procreate für IOS oder Autodesk SketchBook für Android, die das ermöglichen. Und der Vorteil dabei ist, dass du kein Papier verbrauchst und so die Umwelt schonst.

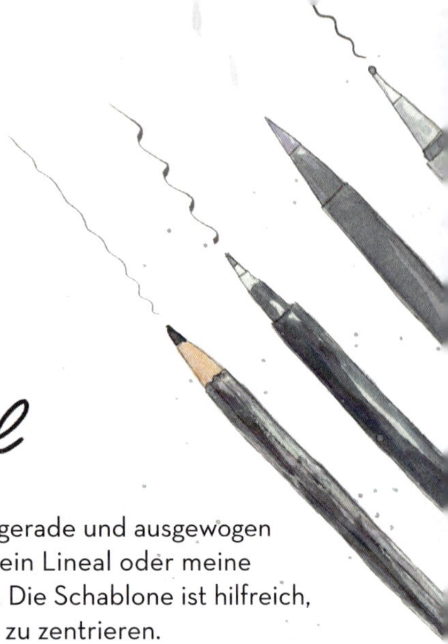

Material

Papier

Über Papier habe ich mir früher nie Gedanken gemacht. Die Folge war, dass ich zu Anfang das falsche Papier genutzt und dabei einige der empfindlichen Stiftspitzen eingebüßt habe. Heute verwende ich bei meinen Letteringübungen günstiges DCP-Kopierpapier der Marke Clairefontaine. Dieses hat eine feine Beschichtung. Für besondere Werke, die ich vielleicht auch verschenken möchte, nutze ich hochwertiges Bristol Papier, zum Beispiel der Firma Tombow. Diese Papiere sind besonders glatt und lassen die Stiftspitzen schön über die Oberfläche gleiten.

Bei farbigen Papieren mache ich vor dem Kauf immer den Streicheltest. Denn auch hier sollte das Papier möglichst glatt und ohne grobe Strukturen sein.

Wenn du mit Aquarellfarben arbeiten möchtest, empfehle ich dir satiniertes (hot pressed) Aquarellpapier oder Mixed-Media-Papier. Normales Druckerpapier kann kein Wasser aufnehmen und ist für diese Technik ungeeignet.

Bleistift

Den Bleistift verwende ich zum Vorziehen der Schreiblinien, gelegentlich auch zum Vorzeichnen meines Schriftzuges. Es ist wichtig, dass du beim Zeichnen nicht zu stark auf das Papier drückst, damit nach dem Wegradieren keine Einkerbungen zurückbleiben. Ich verwende gern die Monograph-Druckbleistifte von Tombow in HB-Stärke.

Lineal

Damit meine Werke gerade und ausgewogen aussehen, nutze ich ein Lineal oder meine Lettering-Schablone. Die Schablone ist hilfreich, um meine Letterings zu zentrieren.

Radiergummi

Ein guter Radiergummi verschmiert deine Bleistiftlinien nicht und krümelt kaum. Ich verwende gern den Radiergummi Dust Catch von Tombow oder einen Knetradiergummi.

Fineliner

Fineliner gibt es in einer großen Vielfalt an Strichstärken und Farben. Ich nutze die feinen Strichstärken 0,05 bis 0,2 beispielsweise für Verzierungen. Ab Strickstärke 0,3 bis 1,2 verwende ich sie zum Gestalten der Buchstaben selbst. Viele Fineliner haben eine scharf abgeschnittene Spitze, die sich nicht so flexibel von allen Seiten einsetzen lässt. Die Fineliner von Winsor & Newton hingegen verfügen über eine abgerundete Spitze. Das macht sie besonders flexibel in der Handhabung.

Füller

Einen Füller hast du vielleicht noch aus Schulzeiten zu Hause. Mittlerweile haben viele Hersteller Konverter herausgebracht, die du mit der Tinte deiner Wahl auffüllen kannst.

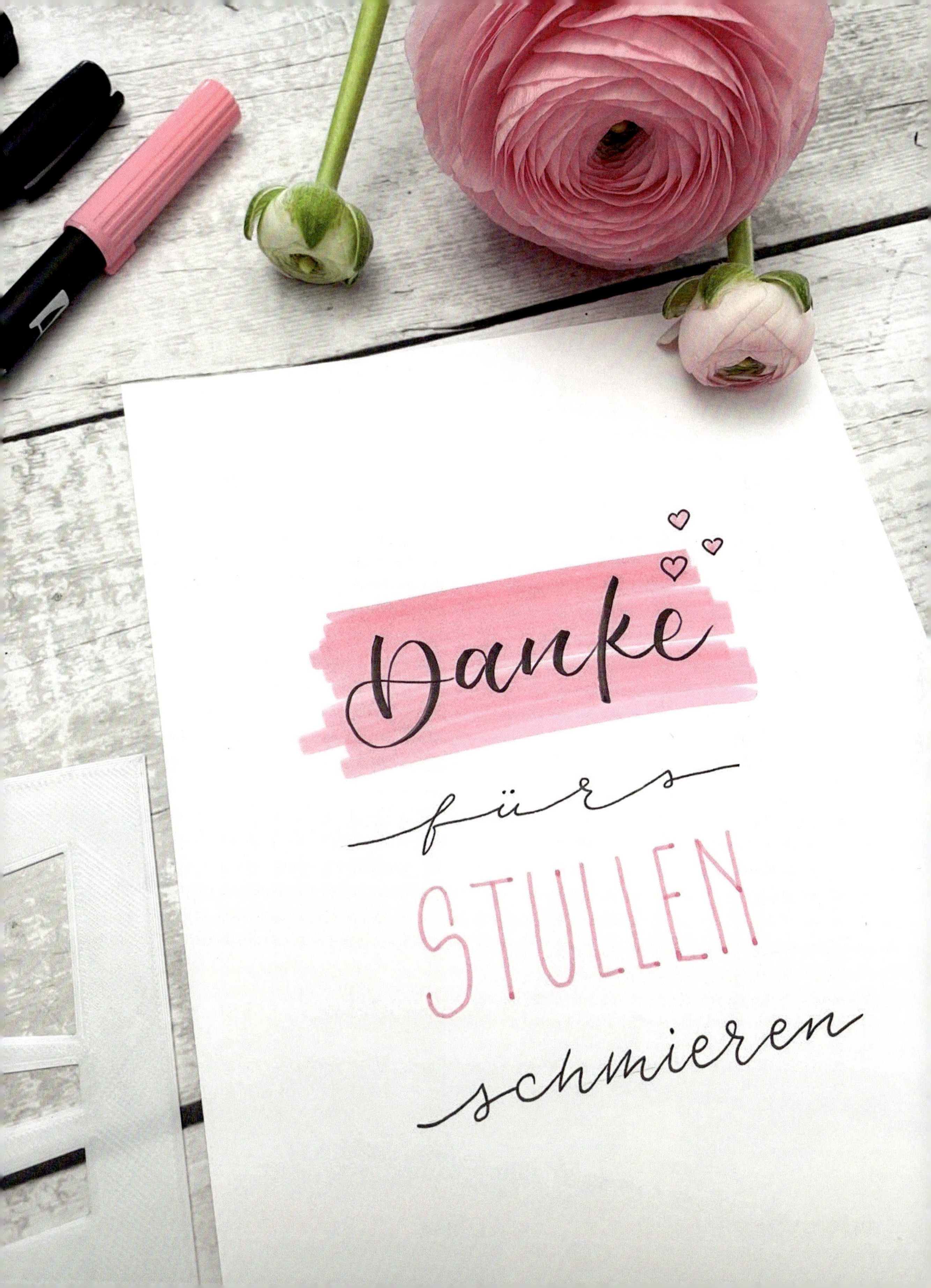
Danke
fürs
STULLEN
schmieren

Brush Pens

Brush Pens sind meine absoluten Lieblingsstifte. Mit ihrer flexiblen Pinselspitze kannst du, je nachdem, wie viel Druck du ausübst, dicke oder dünne Linien malen. Brush Pens gibt es in unterschiedlichen Farben, Größen und Pinselspitzen. Der Fudenosuke von Tombow ist zum Beispiel super für kleine und der ABT von Tombow für große Schriftzüge geeignet.

Pinsel

Möchtest du mit Aquarellfarben ein Lettering gestalten, benötigst du geeignete Pinsel. Achte hier auf eine gute Qualität. Ob Synthetik- oder Naturhaar spielt mittlerweile keine große Rolle mehr. Die Qualität ist nahezu identisch. Ich empfehle die Pinsel in der Größe 0 bis 2 aus der Cotman-Serie und den Miniatur-Pinsel der Serie 7 von Winsor & Newton. Hier sind die Pinselhaare schön kurz und lassen sich gut kontrollieren.

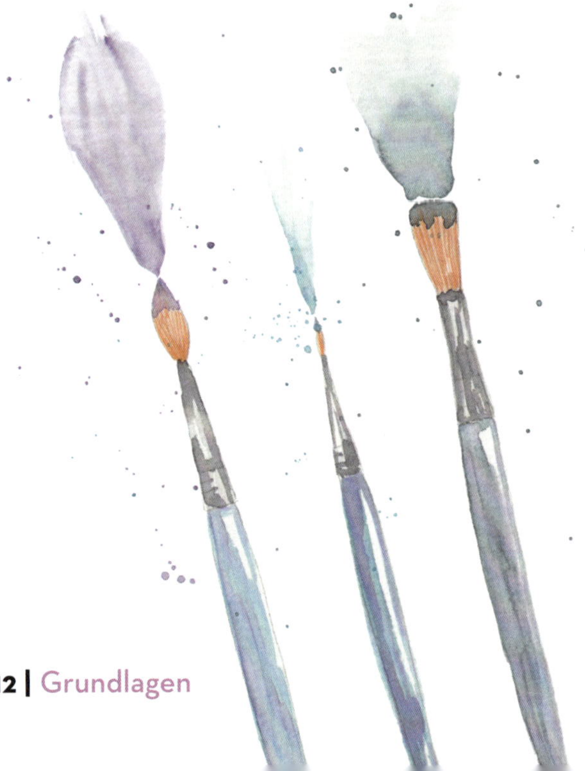

Marker

Die meisten Marker nutze ich dann, wenn ich nicht auf Papier gestalten möchte. Sie sind flexibel in ihrem Einsatzgebiet und können auch auf Glas, Keramik oder Stein verwendet werden. Kreidemarker sind zum Beispiel mit Wasser gut wieder ablösbar, wohingegen Acrylmarker wasserfest auftrocknen. Super praktisch für unterwegs sind die so genannten Watercolor-Marker, die alle Vorteile von Aquarellfarben in Stiftform mit sich bringen. Hier nutze ich am liebsten die Promarker von Winsor & Newton.

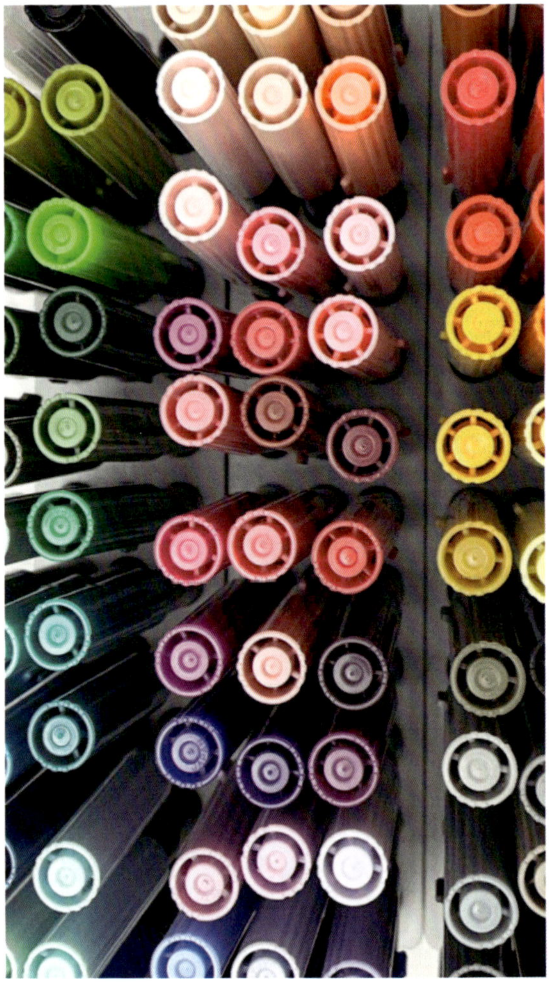

Tinte & Tusche

Tinten und Tuschen gibt es in verschiedenen Farben. Ich verwende in diesem Buch die schwarze Zeichentusche von Winsor & Newton. Sie ist schön deckend und zudem wasserfest. Die Tusche lässt sich bei Mixed-Media-Projekten vielseitig anwenden. Außerdem kann sie immer wieder mit etwas Wasser verdünnt werden und hält so sehr lange.

Den Konverter meines Füllers habe ich mit einer Tinte der Firma Diamine aufgefüllt. Diese enthält Glitzerpartikel, die einen tollen Effekt auf dem Briefpapier hinterlassen.

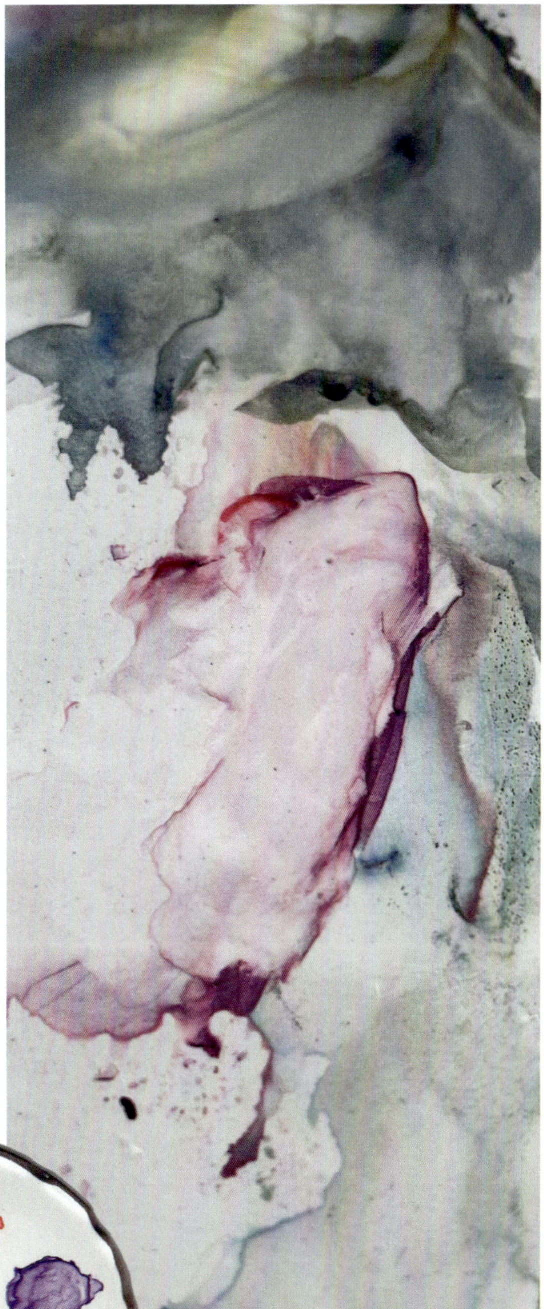

Aquarellfarben

Das Thema Watercolor in Kombination mit Lettering ist heute so präsent wie nie. Daher gibt es auf dem Markt eine große Bandbreite an Aquarellfarben. Für den Anfang werden dir günstige Sets, bei denen die Farben nicht so stark pigmentiert sind, gut reichen. Ich empfehle dir die Aquarellfarben von Winsor & Newton aus der Cotman-Serie. Später kannst du dir überlegen, auf die Serie Professional umzusteigen. Hier ist die Farbauswahl höher und die Pigmentierung stärker. Auch die Aquarellkästen der Firma Schmincke sind eine gute Wahl. Ob du Tuben oder Näpfchen bevorzugst, spielt keine Rolle, Näpfchen sind aber praktischer.

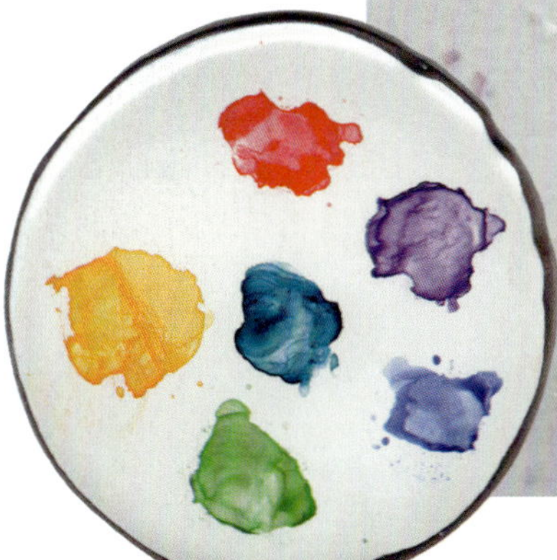

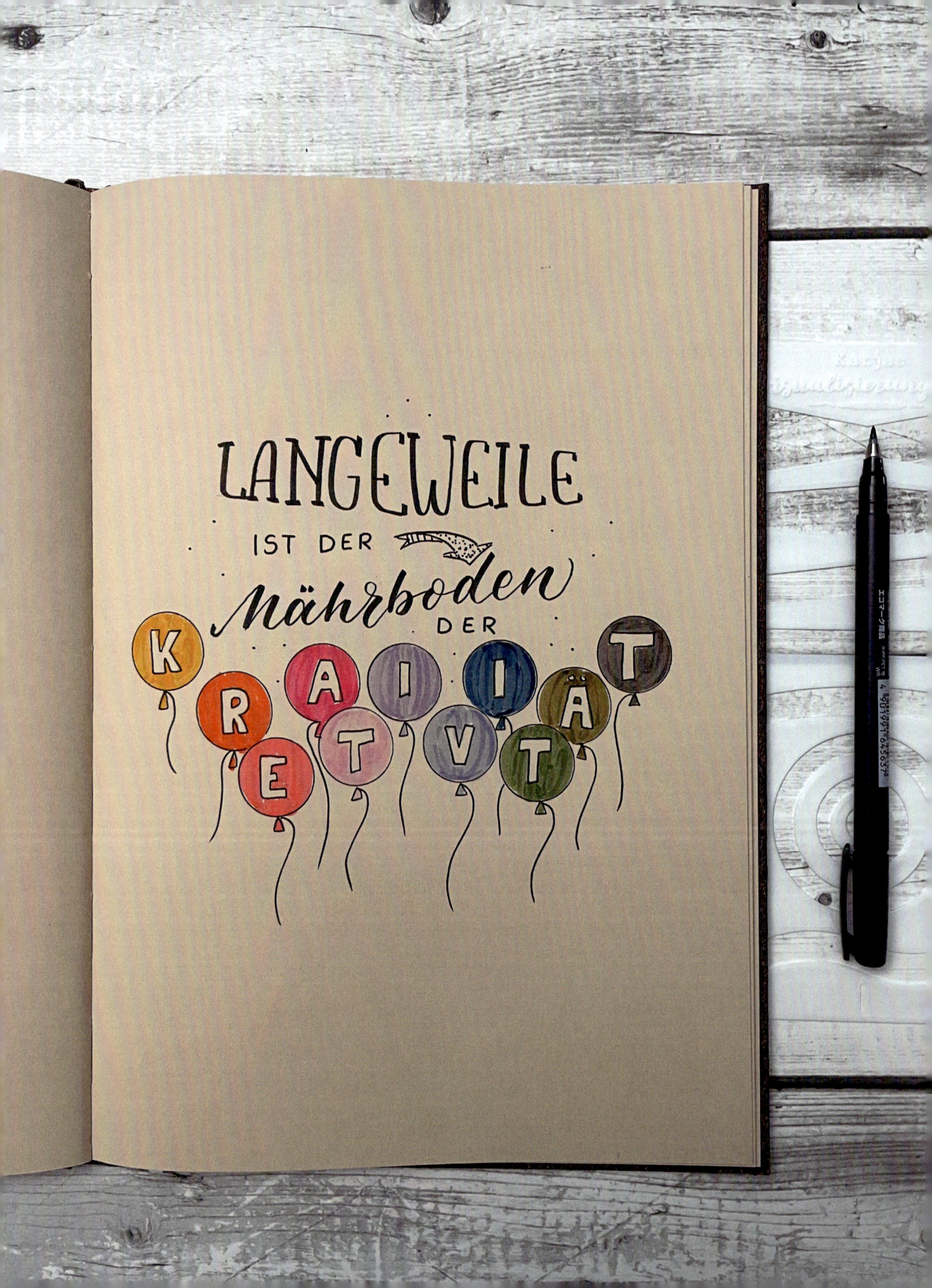
LANGEWEILE
IST DER
Nährboden
DER
KREATIVITÄT

Jetzt wird es praktisch!

In den zehn folgenden Einheiten lernst du verschiedene Schriftarten, Medien und Projekte kennen. Probiere alles aus, kombiniere Schriften und Techniken immer wieder neu.

Lass deiner Kreativität freien Lauf!

Übungseinheit 1

DRUCKSCHRIFT

Das Thema Druckschrift erscheint auf den ersten Blick uninteressant. Dennoch ist sie ein wesentlicher Bestandteil der meisten Letteringprojekte.

In der Schule haben wir alle das Schreiben gelernt und mit den Jahren eine eigene Handschrift entwickelt. Ob wir diese als schön empfinden, ist Ansichtssache – Tatsache ist jedoch, dass wir immer weniger schreiben und stattdessen mehr tippen. Auch das konstante Ziehen gerader Linien, die für ein sauberes Schriftbild wichtig sind, haben wir oft verlernt.

Deshalb widmet sich diese Einheit besonders den geraden Linien.

Material

Für diese Übungseinheit und das Projekt nutze ich folgende Materialien:

Schwarzer Fineliner in Strichstärke 0,3

Satiniertes Druckerpapier, z. B. DCP von Clairefontaine

Festeres Papier, z. B. Tonkarton

Bleistift

Lineal

Filzstifte in zwei Farben, z.B. TwinTone von Tombow

Lochzange

Band zum Verzieren

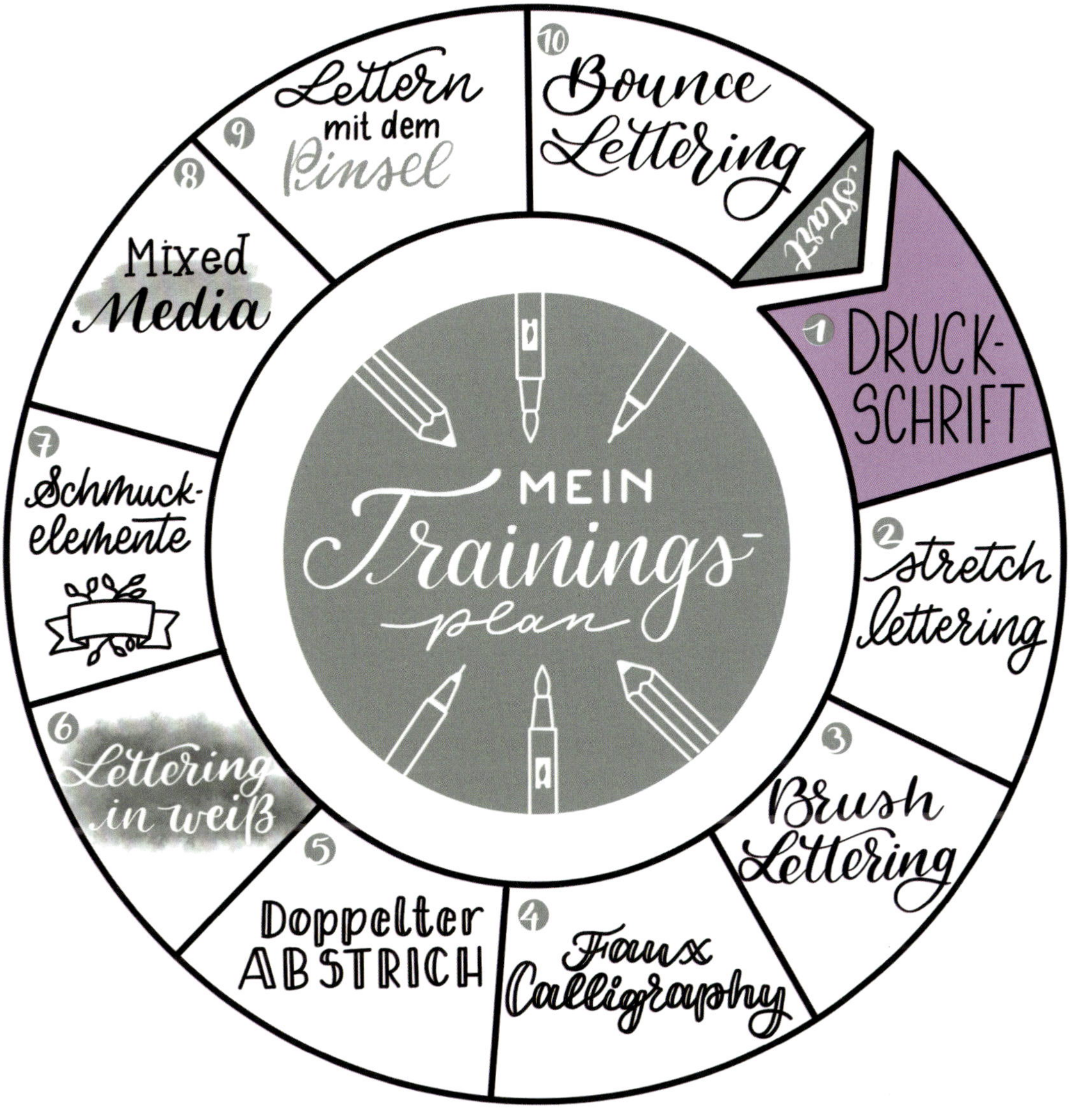
MEIN Trainings-plan
Start
1 DRUCK-SCHRIFT
2 stretch lettering
3 Brush Lettering
4 Faux Calligraphy
5 Doppelter ABSTRICH
6 Lettering in weiß
7 Schmuck-elemente
8 Mixed Media
9 Lettern mit dem Pinsel
10 Bounce Lettering

Aufwärmübungen

Aufwärmübungen sind für unser Handgelenk sehr wichtig. Je nachdem, wie lange die Schulzeit schon hinter dir liegt, desto weniger trainiert ist dein Handgelenk. Das viele Schreiben am Computer ist da wenig hilfreich. Aus diesem Grund empfehle ich dir vor jedem Lettering-Projekt, Aufwärmübungen zu machen. Auch wenn es dir auf den ersten Blick unnötig erscheint, wirst du schnell merken, dass sie dich schneller voranbringen.

Mit diesen Übungen erwärmst du, wie im Sport, deine Gelenke und Muskeln. Ziehe daher zuerst gerade Linien von oben nach unten. Anschließend übst du schräge Linien und auch die geraden Linien von unten nach oben. Das ist schwieriger als es scheint! Achte dabei immer darauf, dass dein Strich gerade ist. Erst wenn er nicht mehr wackelig ist, sind deine Muskeln gut aufgewärmt.

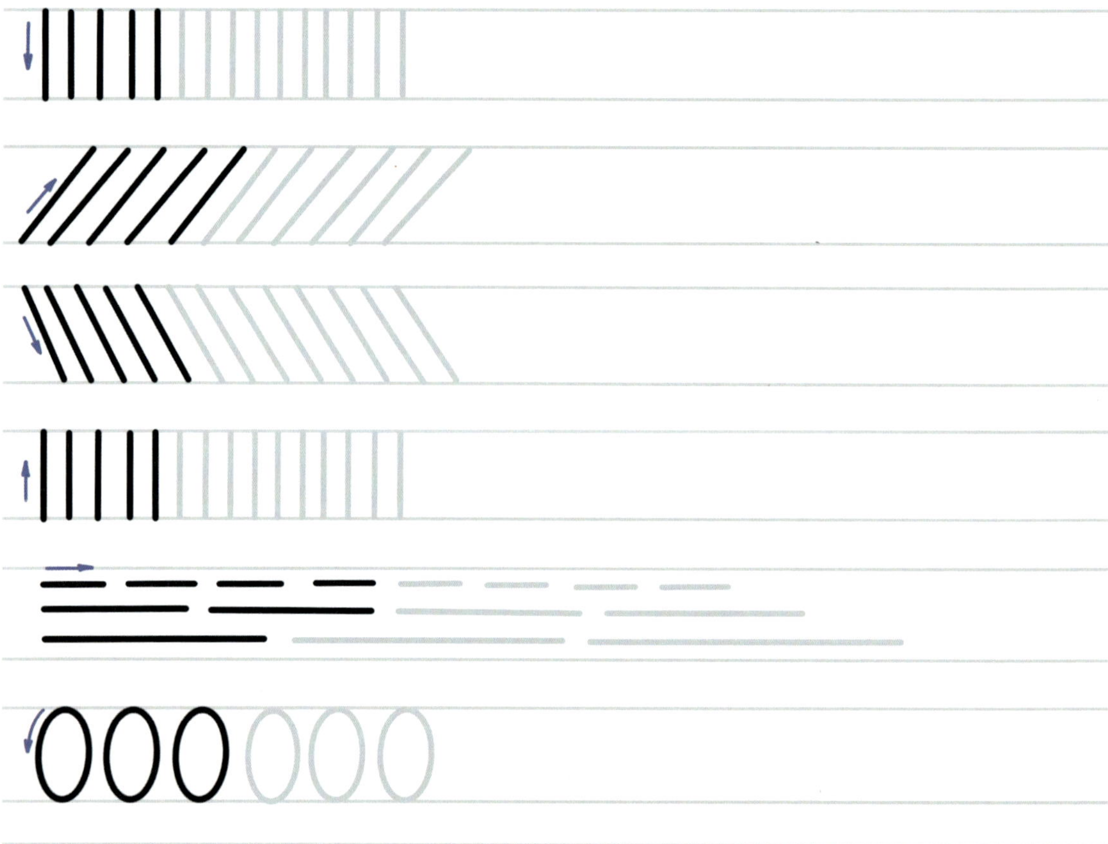

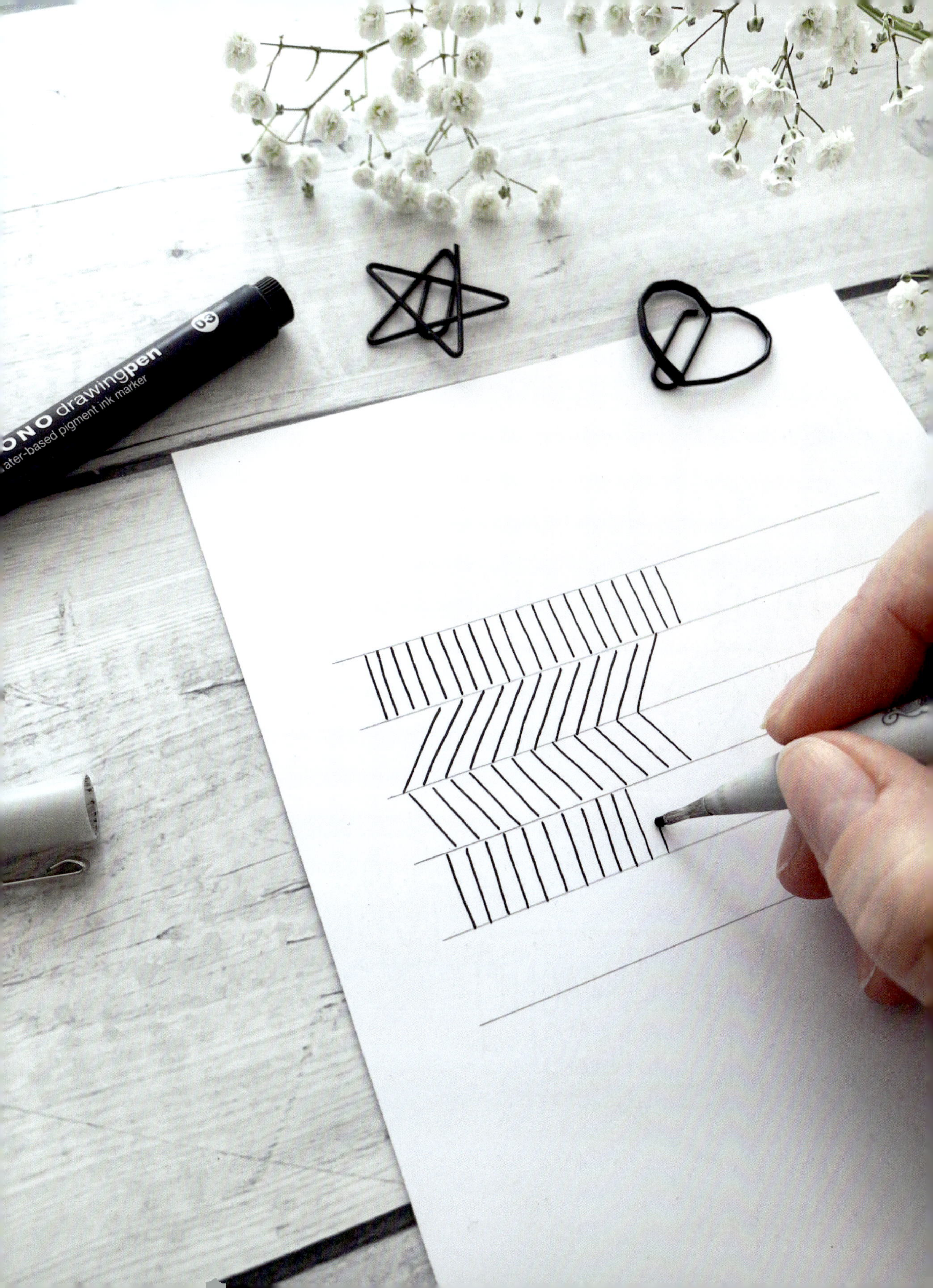
03
ONO drawingpen
ater-based pigment ink marker

DRUCKBUCHSTABEN

Nach dem Aufwärmen geht es jetzt an die Buchstaben. Ziehe mit einem Bleistift auf deinem leeren Blatt in gleichem Abstand voneinander drei gerade Linien. Scheibe in diesen Bereich die Buchstaben A und B. Achte darauf, dass die Mittellinie den mittleren Bereich der Buchstaben markiert.

Jetzt verschiebst du die Mittellinie einmal nach oben in Richtung der oberen Schreiblinie und einmal nach unten in Richtung der unteren Schreiblinie. Schreibe auch hier wieder beide Buchstaben hinein. Achte diesmal darauf, dass der Querstrich des A auf der verschobenen Mittellinie liegt und der erste Bauch des B dort endet.

Noch mehr Varianten ergeben sich, wenn du die Buchstaben streckst oder stauchst.

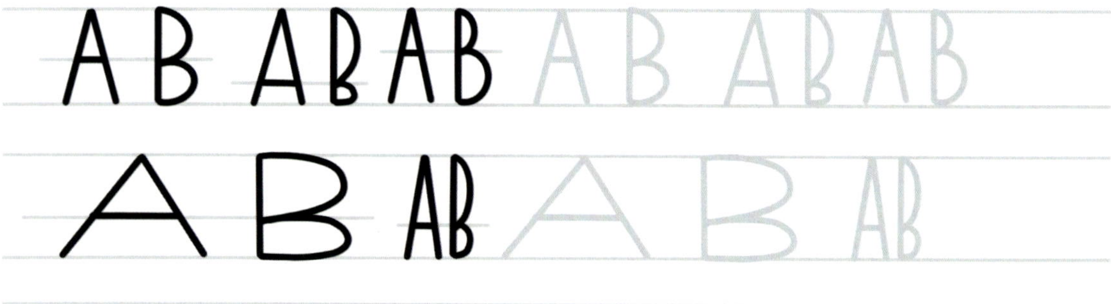

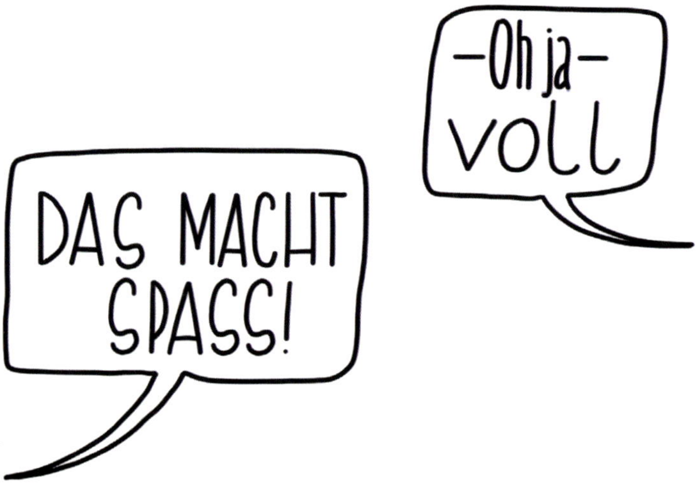

Mein Druckbuchstaben-Alphabet

Nach A und B ist es nun Zeit für das komplette Alphabet! Übe alle Groß- und Kleinbuchstaben. Variiere auch hier die Mittellinie und spiele mit der Breite der Buchstaben.

Aa Bb Cc Dd Ee Ff Gg

Hh Ii Jj Kk Ll Mm Nn

Oo Pp Qq Rr Ss Tt

Uu Vv Ww Xx Yy Zz ß

1 2 3 4 5 6 7 8 9 10

SERIFEN

Serifen sind kleine Striche oder Füßchen an den Endungen der Buchstaben. Ich verwende sie sehr gern, denn sie wirken auf mich sehr seriös und sehen dabei noch schön aus. Ich denke dabei immer an meine Rhetorik-Trainerin und ihren Ausspruch: „Stell dich mit beiden Beinen fest auf den Boden, bevor du sprichst." Der Buchstabe A mit Serifen verdeutlicht das für mich besonders.

Wichtig zu wissen für dich: Serifen gehen nicht über die obere und untere Schreiblinie hinaus. Bei kleinen Buchstaben male ich meistens nur eine Serife an jeden Buchstaben, da es auf mich sonst schnell überladen wirkt. Aber das ist Geschmacksache.

ABC

abc

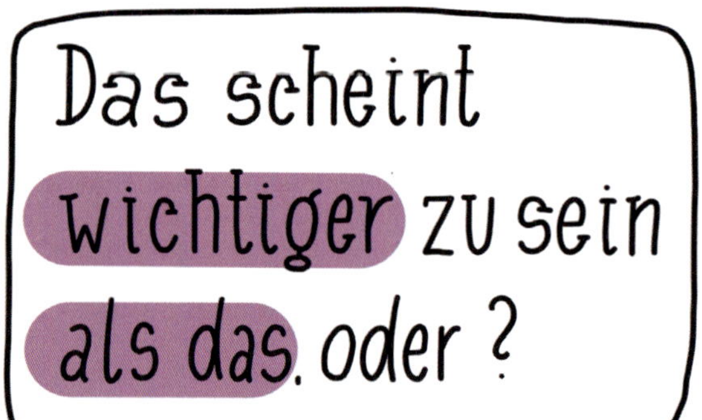

Mein Serifen-Alphabet

Hier siehst du mein Serifen-Alphabet. Übe es auf die gleiche Weise wie das Druckbuchstaben-Alphabet. Probiere auch gern einmal aus, beide Schriftarten zu kombinieren.

Aa Bb Cc Dd Ee Ff Gg

Hh Ii Jj Kk Ll Mm Nn

Oo Pp Qq Rr Ss Tt

Uu Vv Ww Xx Yy Zz

1 2 3 4 5 6 7 8 9 10

Projekt

Jetzt hast du schon fast deine erste Übungseinheit gemeistert! Zum Abschluss möchte ich mit dir ein motivierendes Lesezeichen gestalten. Wenn du magst, begleitet es dich durch das ganze Buch.

1 Schneide das Lesezeichen auf die gewünschte Größe zu. Ziehe mit einem Bleistift und einem Lineal Linien, die dir als Orientierung dienen.

2 Nun geht es ans Gestalten. Verwende die dickere Stiftspitze des TwinTone und schreibe das Wort „Übung" in Serifenschrift mit Großbuchstaben. Achte darauf, dass alle Buchstaben die gleiche Höhe haben. Hier kann eine zusätzliche Bleistiftlinie hilfreich sein.

3 Schreibe nun die beiden Wörter „macht den" mit dem Fineliner. Gestalte das erste Wort ohne, das zweite Wort mit Serifen. Achte darauf, dass alle Anfangsbuchstaben untereinander liegen. Das sieht am Ende harmonischer aus.

4 Schreibe das Wort „Meister" wieder mit dem TwinTone, diesmal aber ohne Serifen. Groß- und Kleinbuchstaben haben die gleiche Höhe. Wenn du magst, kannst du zum Schluss mit Hilfe eines Lineals und der dünnen Stiftseite des TwinTone die linke Seite deines Lesezeichens mit unterschiedlich langen Strichen verzieren.

5 Wenn alles gut getrocknet ist, radierst du die Hilfslinien weg. Knipse zum Schluss mit einer Lochzange oder einem Locher ein kleines Loch in den oberen Bereich des Lesezeichens und fädele ein hübsches Band hindurch.

Fertig ist ein Lesezeichen, das dich durch das Buch begleiten und dich an deine Übungspraxis erinnern kann.

Tipp

Schau mal deine Geschenkbänder durch. Bestimmt findest du ein hübsches Band, dass du für dieses Lesezeichen-Projekt verwenden kannst.

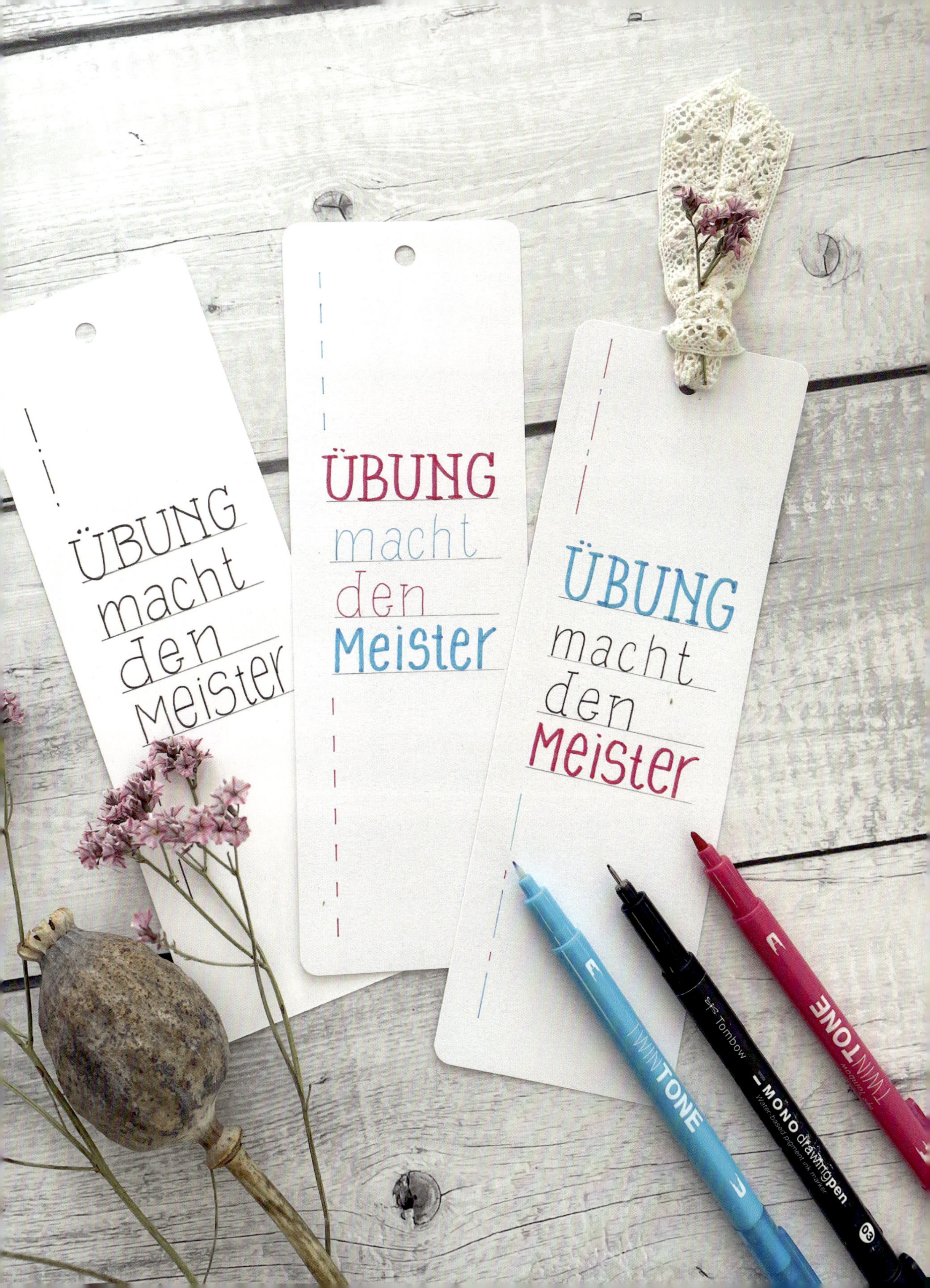
ÜBUNG
macht
den
Meister
ÜBUNG
macht
den
Meister
ÜBUNG
macht
den
Meister
TWINTONE
Tombow
MONO drawingpen
TWINTONE

Übungseinheit 2

Stretch Lettering

In dieser Übungseinheit geht es um das Stretchen der Buchstaben.

Für die Technik des Auseinanderziehens eignet sich besonders eine schön geschwungene Letteringschrift, du kannst es aber auch gern mit deiner Schreibschrift aus der Schulzeit versuchen.

Material

Für diese Übungseinheit und das Projekt nutze ich folgende Materialien:

Füller, alternativ Fineliner oder Filzstift

Schönes Schreibpapier

Tinte nach Wahl

Bleistift

Lineal

Radiergummi

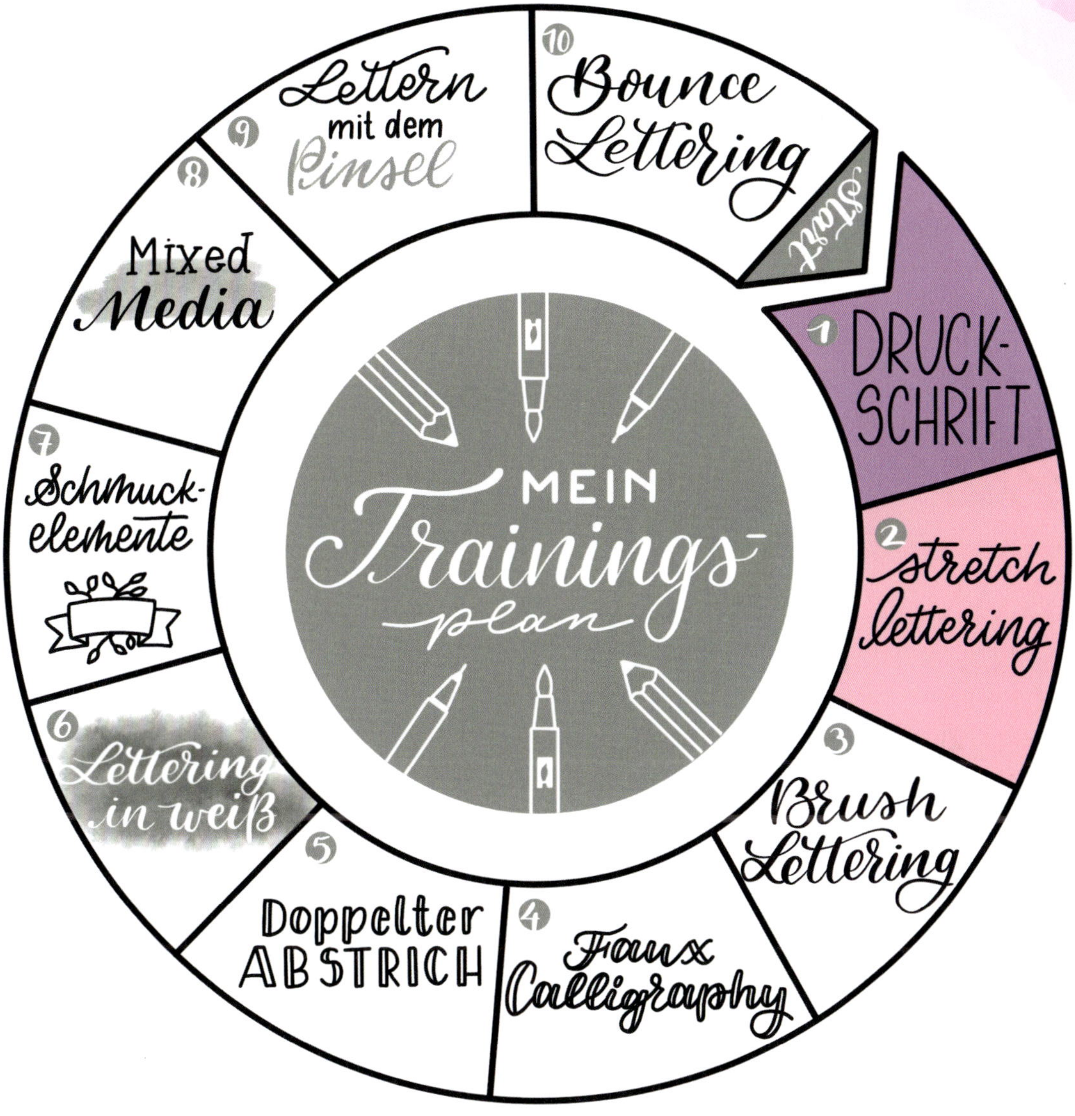
MEIN Trainings-plan
Start
1 DRUCK-SCHRIFT
2 stretch lettering
3 Brush Lettering
4 Faux Calligraphy
5 Doppelter ABSTRICH
6 Lettering in weiß
7 Schmuck-elemente
8 Mixed Media
9 Lettern mit dem Pinsel
10 Bounce Lettering

Aufwärmübungen

Bevor du beginnst, empfehle ich dir, dein Handgelenk und die Schulterpartie mit den folgenden Aufwärmübungen zu trainieren. Übe zuerst nochmals die Linien und Schwünge aus der ersten Übungseinheit, nutze dieses Mal aber den Füller. Du wirst sehen, dass sich dieses Schreibwerkzeug etwas anders auf dem Papier verhält als der Fineliner.

Ergänze die Linien nun durch weit gestreckte Bögen und Linien. Achte darauf, dass Handgelenk und Arm schön locker bleiben. Du solltest auch genügend Bewegungsfreiheit haben. Störende Gegenstände in der Nähe deiner Schreibhand räumst du besser weg. Male nun langgezogene Schlaufen aneinander. Die untere Linie, der Verbindungsstrich, soll dabei auf einer Linie bleiben.

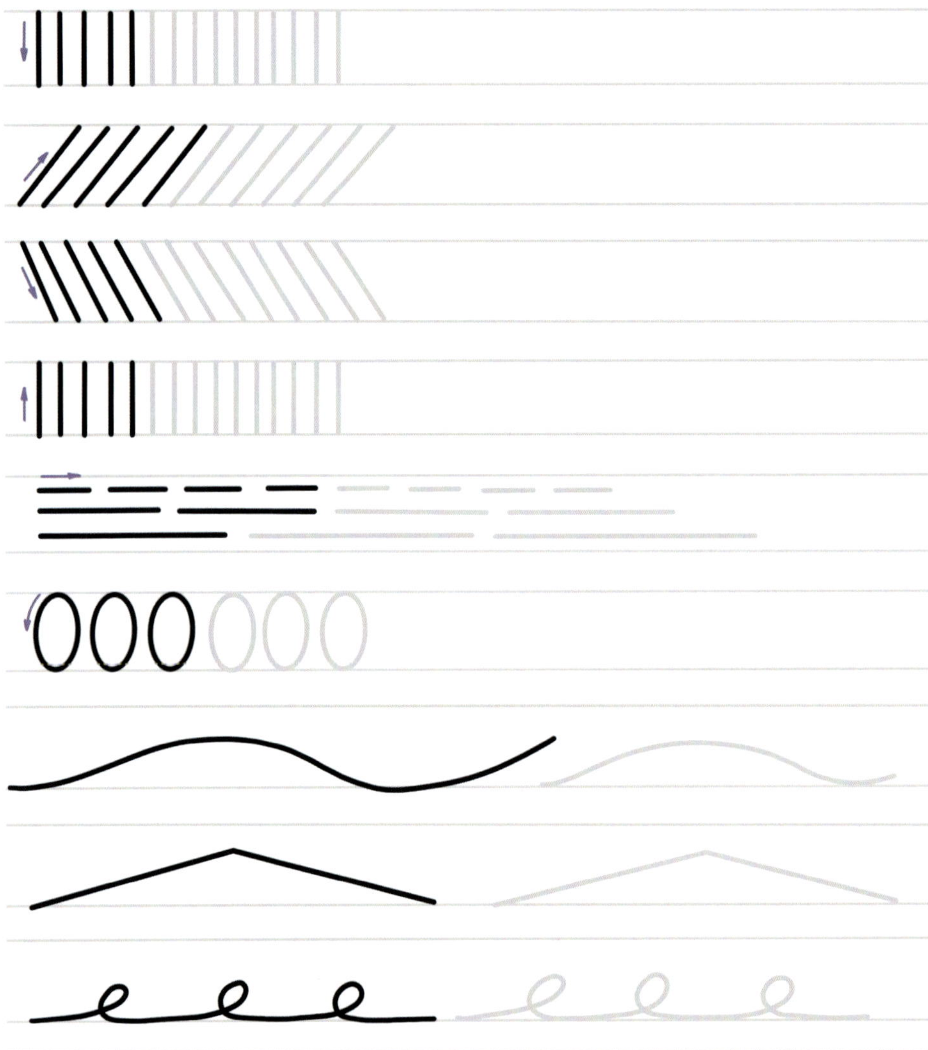

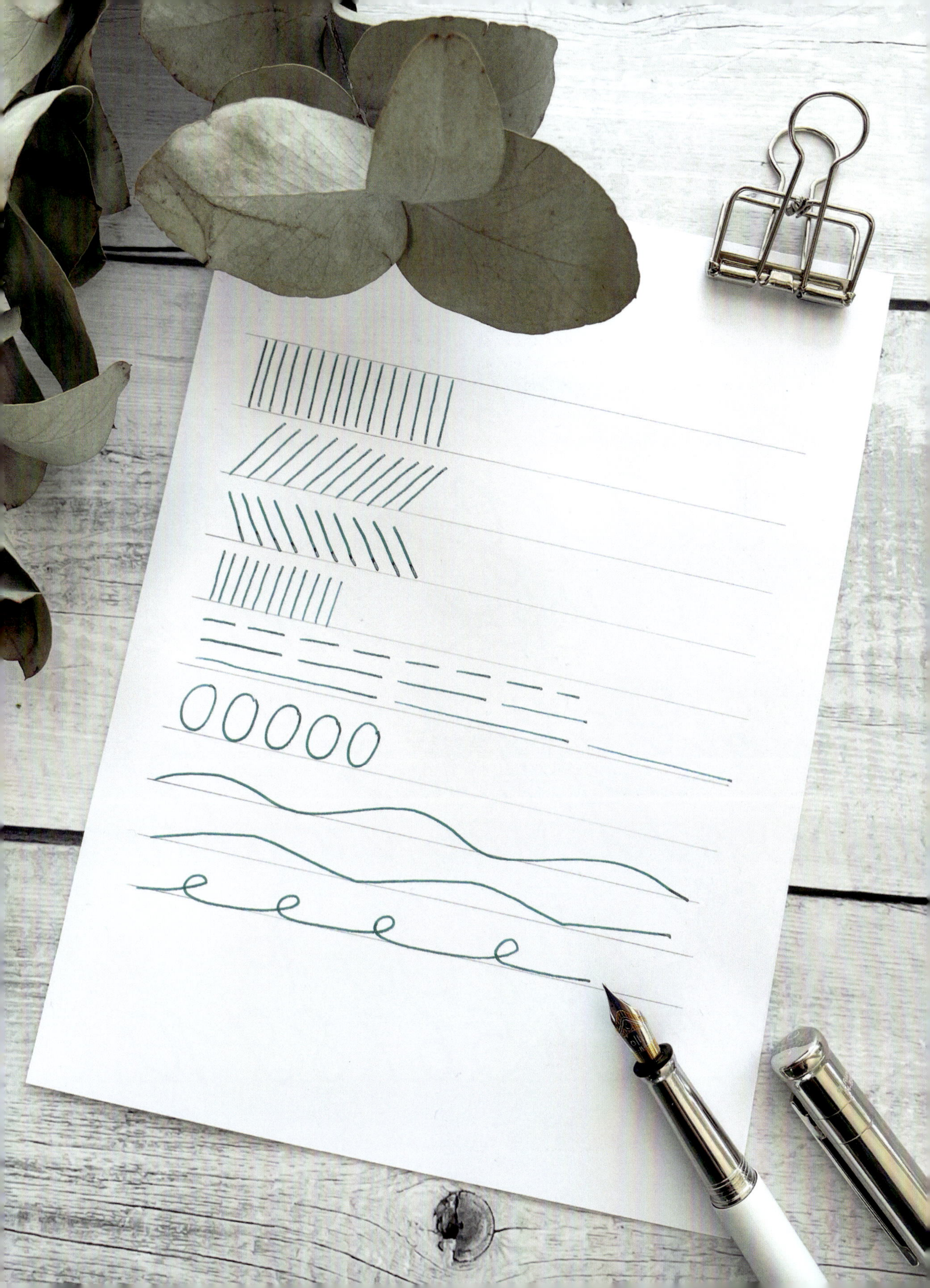

Mein Stretchy-Alphabet

Bei diesem Alphabet sind die Buchstaben leicht nach rechts geneigt. Übe die Groß- und Kleinbuchstaben. Vielleicht fällt es dir für den Anfang leichter, mit Transparentpapier zu arbeiten? Lege es über das Alphabet, so kannst du die Formen abpausen.

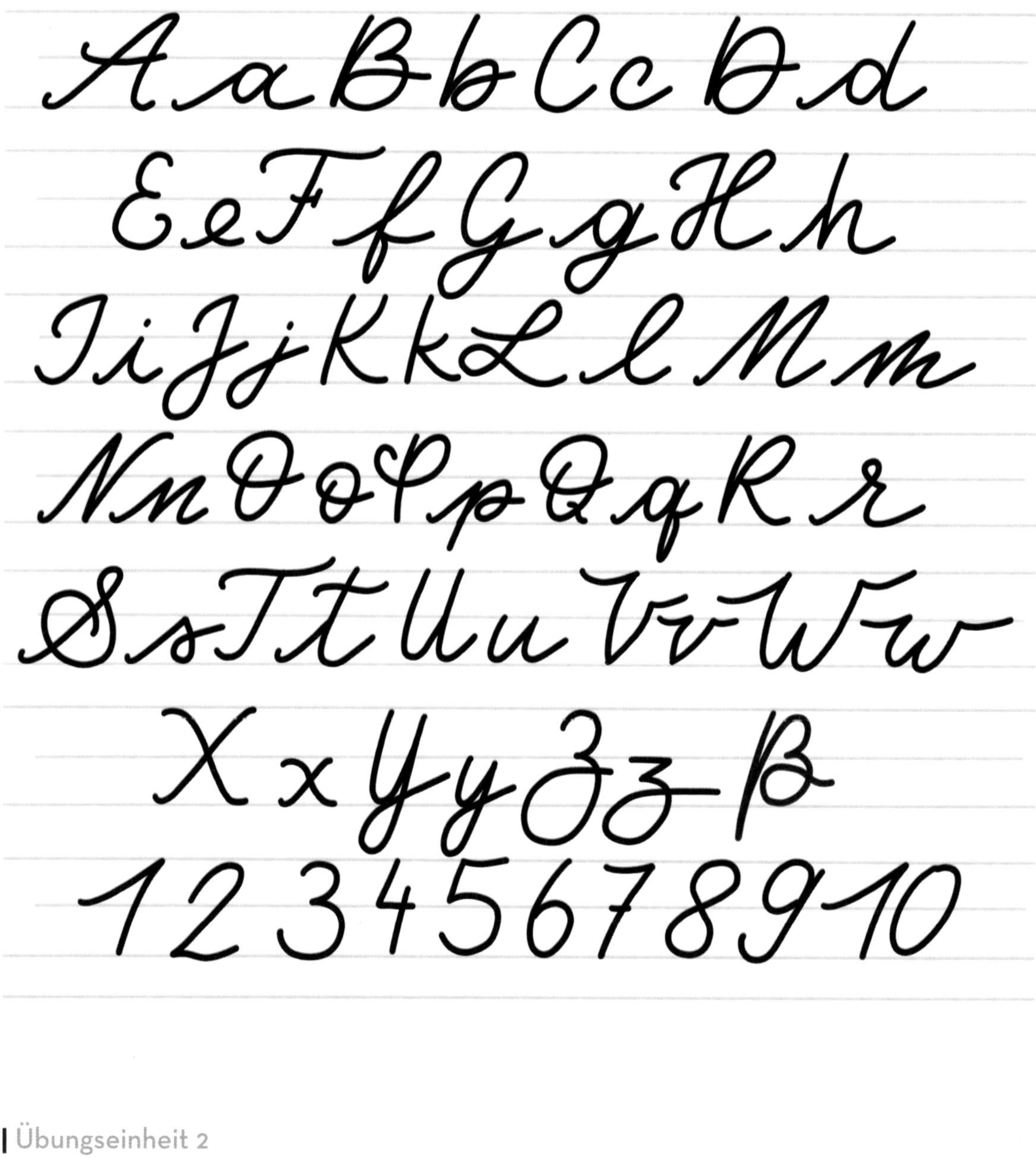

Verbinder

Die Buchstaben aus dem Stretchy-Alphabet entfalten erst durch den Einsatz der weit gezogenen Verbindungslinie zwischen den einzelnen Buchstaben ihre volle Kraft. Wenn du übst, setze nach jeder Form den Füller ab, damit deine Hand nicht verkrampft. Ich orientiere mich hier immer an der zuvor gezogenen Bleistiftlinie.

Du kannst den Verbinder so langziehen, wie es dir gefällt. Achte nur darauf, dass alle Verbinder in etwa die gleiche Länge haben und dass dein Wort am Ende in deine Zeile passt. Hier kann das Vorzeichnen mit dem Bleistift hilfreich sein.

GROSSBUCHSTABEN MIT KLEINBUCHSTABEN VERBINDEN

Die meisten Großbuchstaben verbinde ich mit dem nachfolgenden Kleinbuchstaben. Dennoch gibt es Ausnahmen: Die Buchstaben F, I, P, Q, S, T lasse ich einzeln stehen – das gefällt mir persönlich besser. Probiere es einfach selbst aus und finde heraus, was dir gefällt.

Tipp

Je größer der Buchstabe, desto länger sollte der Verbinder sein.

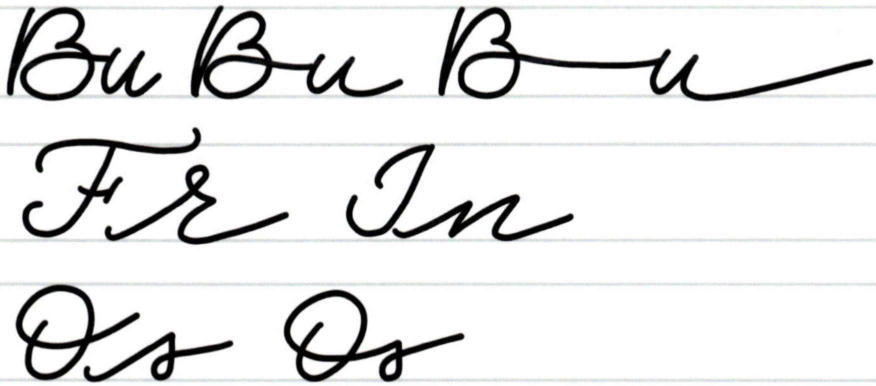

Übe die Kombination von Buchstaben und Verbinder, indem du die Buchstaben des kleinen Stretchy-Alphabets aneinanderreihst.

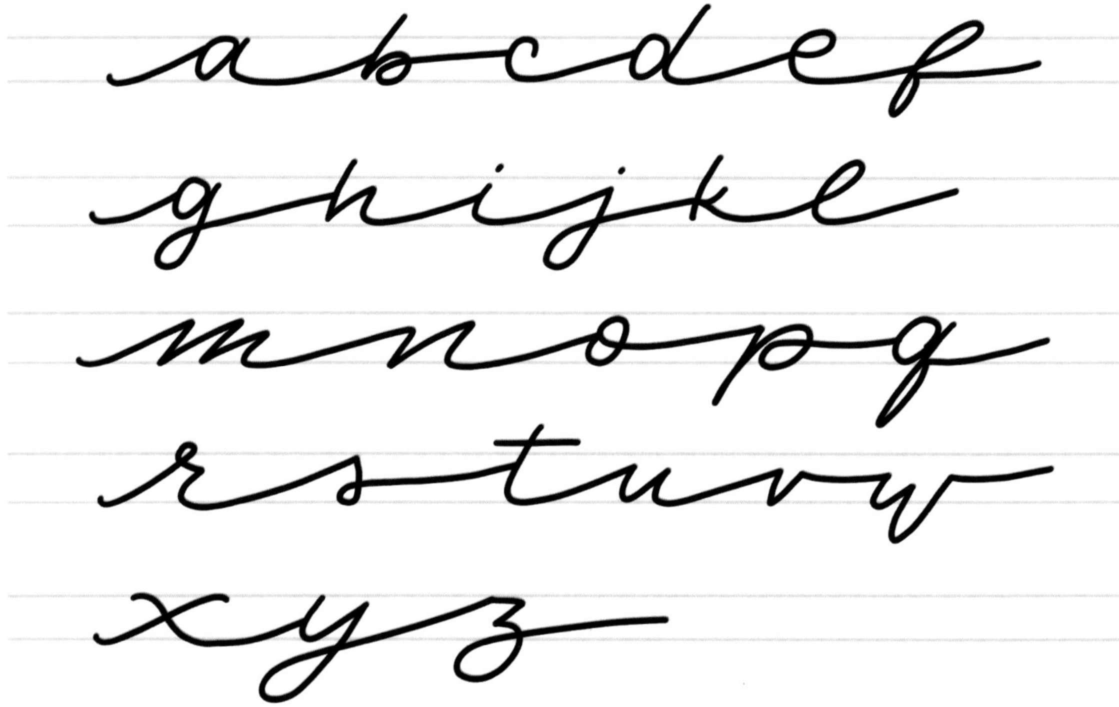

Suche dir ein paar Wörter aus der „Schöne-Wörterliste“ am Ende des Buches aus und übe sie im Stretch-Lettering-Stil.

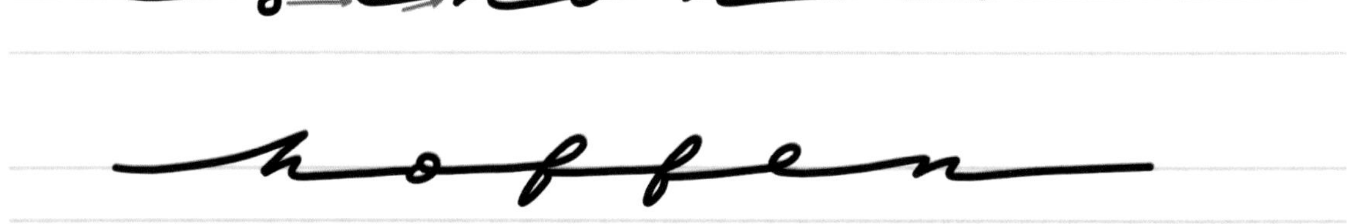

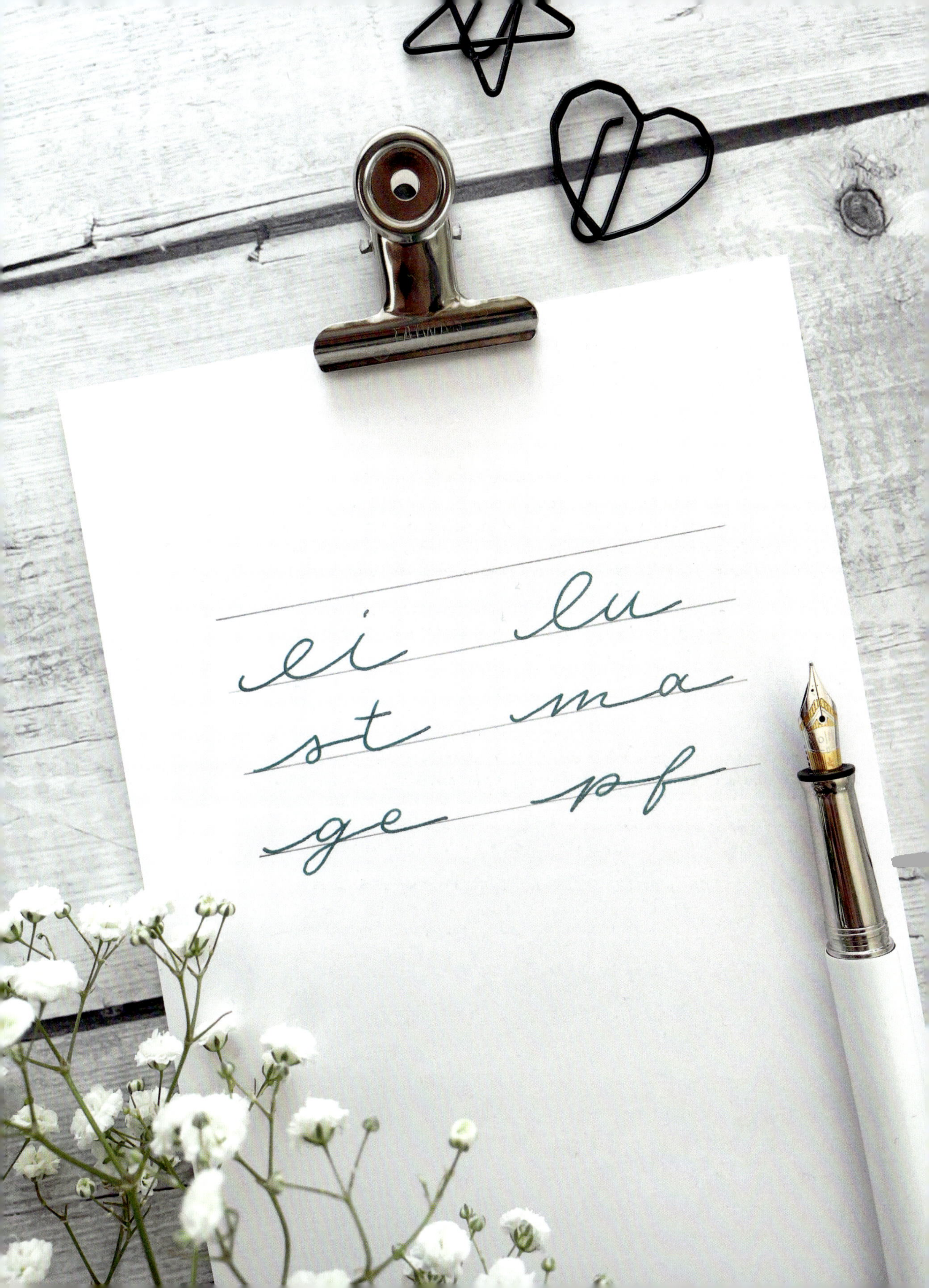
ei lu
st ma
ge pf

Projekt

Ich nutze das Stretchy-Alphabet sehr gern beim Verfassen von Briefen oder kleinen Botschaften. Vielleicht magst auch du einem lieben Menschen einen Brief im Stretch-Lettering-Stil schreiben? Dieser Schreibstil in Kombination mit wertschätzenden Worten entfacht eine ganz besondere Emotionalität.

1 Bevor du startest, achte darauf, die Bleistiftlinien nur ganz sacht über das Papier zu ziehen. Für eine Botschaft im Stretch-Lettering-Stil müssen die Abstände zwischen den Linien nicht so groß sein. Die Schriftart braucht aber etwas Platz in der Breite, das solltest du im Hinterkopf haben.

2 Beginne nun, deinen Text zu schreiben. Im Idealfall hast du dir bereits Stichwörter notiert oder den Text schon einmal vorgeschrieben oder getippt. Denke an die gleichmäßigen Verbinder und daran, deine Hand zwischendurch immer wieder abzusetzen.

3 Erst wenn alles gut getrocknet ist, radierst du die sichtbaren Bleistiftlinien weg. Solltest du da ungeduldig sein, kann auch Löschpapier helfen. Das kennst du vielleicht noch aus deinen Schulheften. Falte den Brief anschließend zusammen und lege, wenn du magst, einige gepresste Blumen dazu.

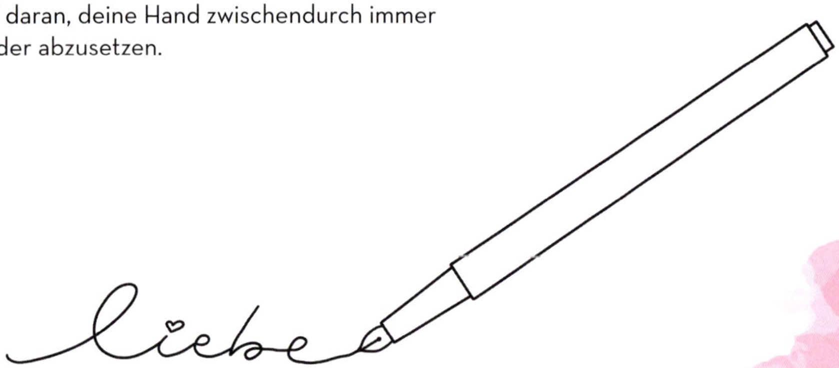

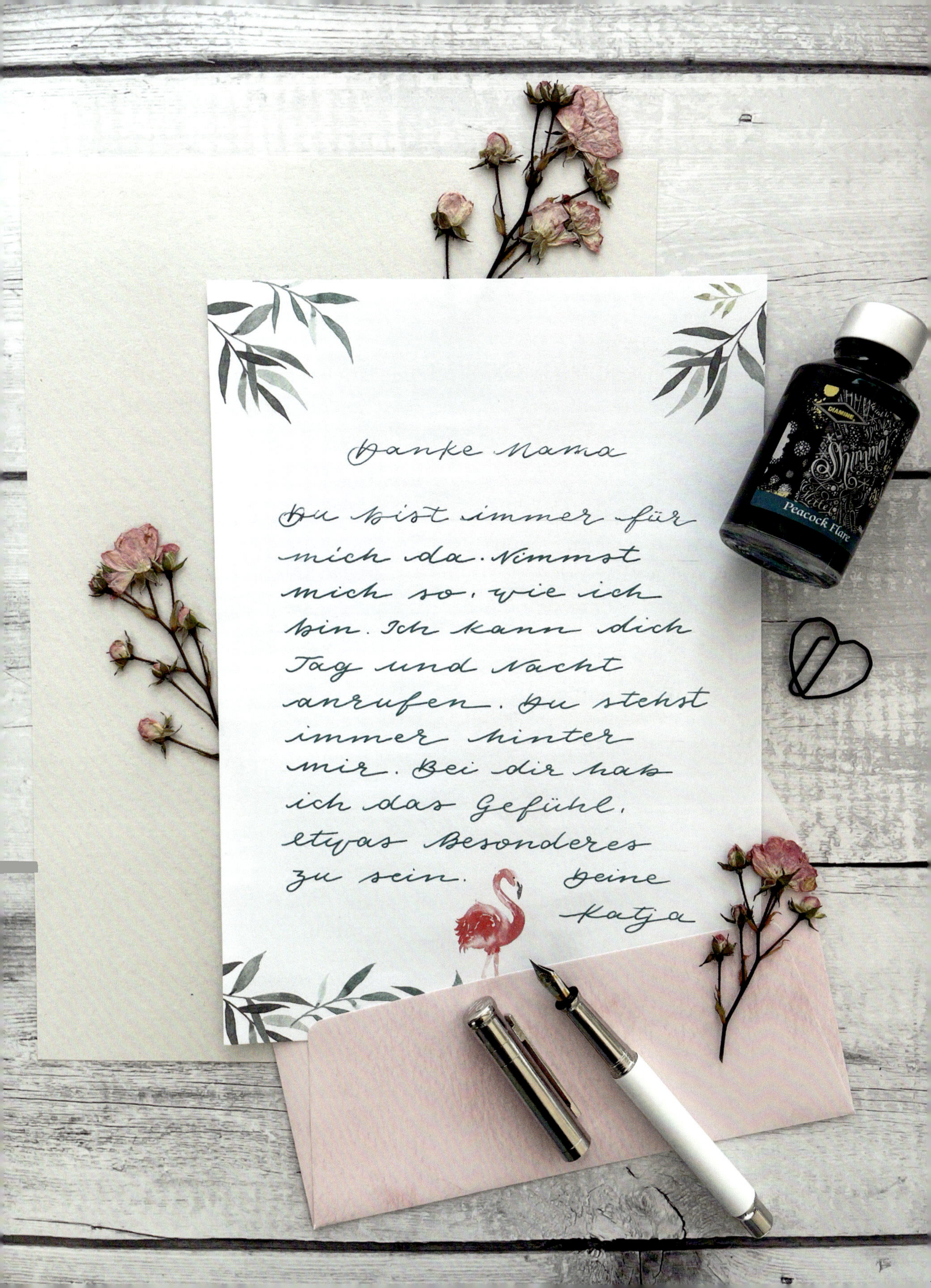
Danke Mama
Du bist immer für
mich da. Nimmst
mich so, wie ich
bin. Ich kann dich
Tag und Nacht
anrufen. Du stehst
immer hinter
mir. Bei dir hab
ich das Gefühl,
etwas Besonderes
zu sein. Deine
Katja
Shimmer
Peacock Flare

Übungseinheit 3

Brush Lettering

Die Letteringschrift mit dem Brush Pen ist eine der beliebtesten Schriftarten. Sie lebt vom Kontrast zwischen dicken Abwärts- und dünnen Aufwärtsstrichen. Ein Effekt, der gelernt werden will und daher viel Training erfordert.

Um den Brush Pen feinmotorisch optimal einsetzen zu können, müssen die Muskeln in unseren Fingern, dem Handgelenk und in der Schulterpartie schön geschmeidig sein. Dabei helfen dir die Aufwärmübungen. Aber zuerst widmen wir uns der Stifthaltung, denn auch sie ist entscheidend für einen erfolgreichen Umgang mit dem Brush Pen.

Material

Für diese Übungseinheit und das Projekt nutze ich folgende Materialien:

DCP Kopierpapier von Clairefontaine zum Üben

dickeres (Bristol) Letteringpaper; z.B. von Tombow für das Projekt

Fudenosuke Brush Pen von Tombow in einer Farbe deiner Wahl

Fineliner in Strichstärke 0,3

Bleistift

Lineal

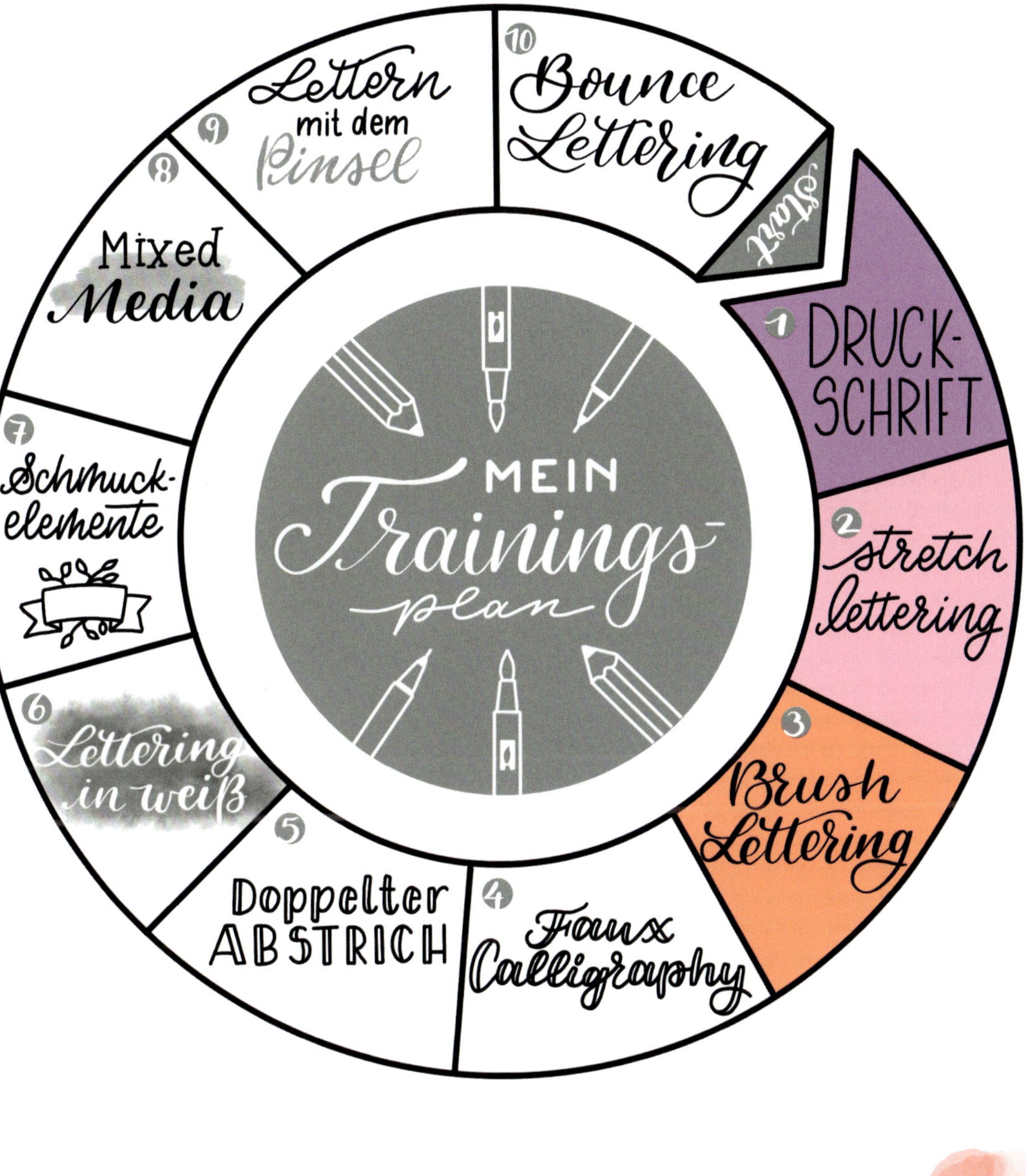
MEIN Trainings-plan
Start
1 DRUCK-SCHRIFT
2 stretch lettering
3 Brush Lettering
4 Faux Calligraphy
5 Doppelter ABSTRICH
6 Lettering in weiß
7 Schmuck-elemente
8 Mixed Media
9 Lettern mit dem Pinsel
10 Bounce Lettering

Stifthaltung

Halte den Brush Pen locker zwischen Daumen und Zeigefinger, sodass er leicht auf der Hand aufliegt. Dein Unterarm sollte locker auf dem Tisch liegen. Achte darauf, dass sich keine störenden Gegenstände neben deiner Hand befinden, die deinen Bewegungsradius beeinträchtigen könnten.

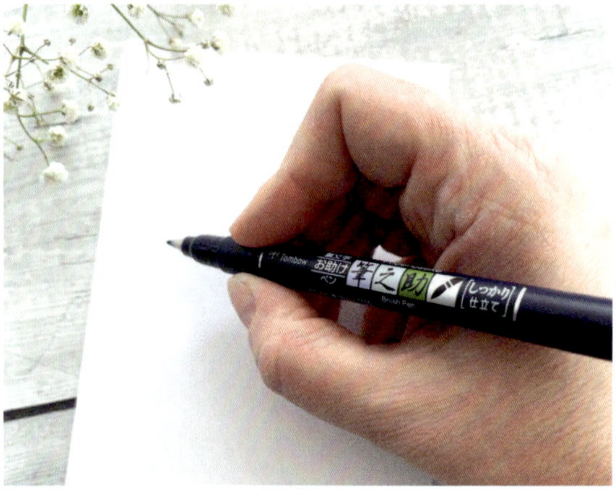

Der Pinselstift sollte nicht, wie zum Beispiel ein Fineliner, steil nach oben ragen. Das strapaziert die Spitze und verkürzt ihre Lebensdauer. Außerdem wirst du mit dieser Haltung nur schwer den Brush-Lettering-Effekt erzeugen können.

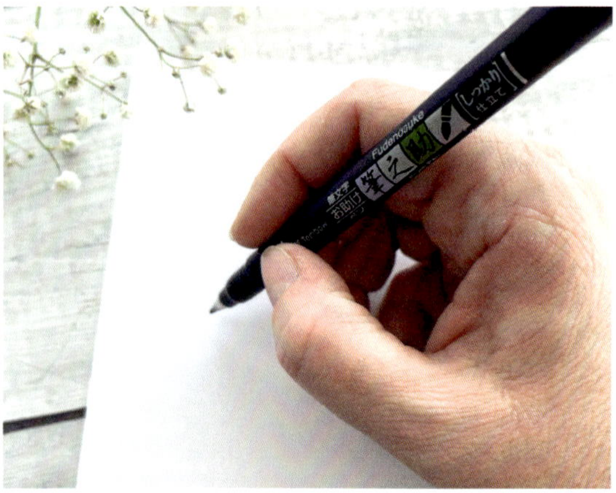

Als Linkshänder:in ist es wichtig, eine Handhaltung zu vermeiden, in der du von oben schreibst. Da wir auf sehr glattem Papier arbeiten, würde die Tinte dabei schnell verwischen.

Aufwärmübungen

Bei keiner anderen Schrift sind die Aufwärmübungen so wichtig wie beim Brush-Lettering. Drücke bei allen Abwärtsstrichen mit der Seite deiner Brush-Pen-Spitze auf das Papier. Die Aufwärtsstriche werden hingegen nur mit der Stiftspitze gemalt. Übe so lange, bis deine Linien gerade und nicht mehr wackelig aussehen. Hab bitte Geduld mit dir. Wahrscheinlich wird es ein paar Wochen oder auch Monate regelmäßiger Übung bedürfen, bis die Linien so gelingen, wie du es möchtest.

Tipp

Achte auf die Geschwindigkeit, mit der du die Linien ziehst. Zu langsame Bewegungen erhöhen die Wahrscheinlichkeit, dass es wackelig wird.

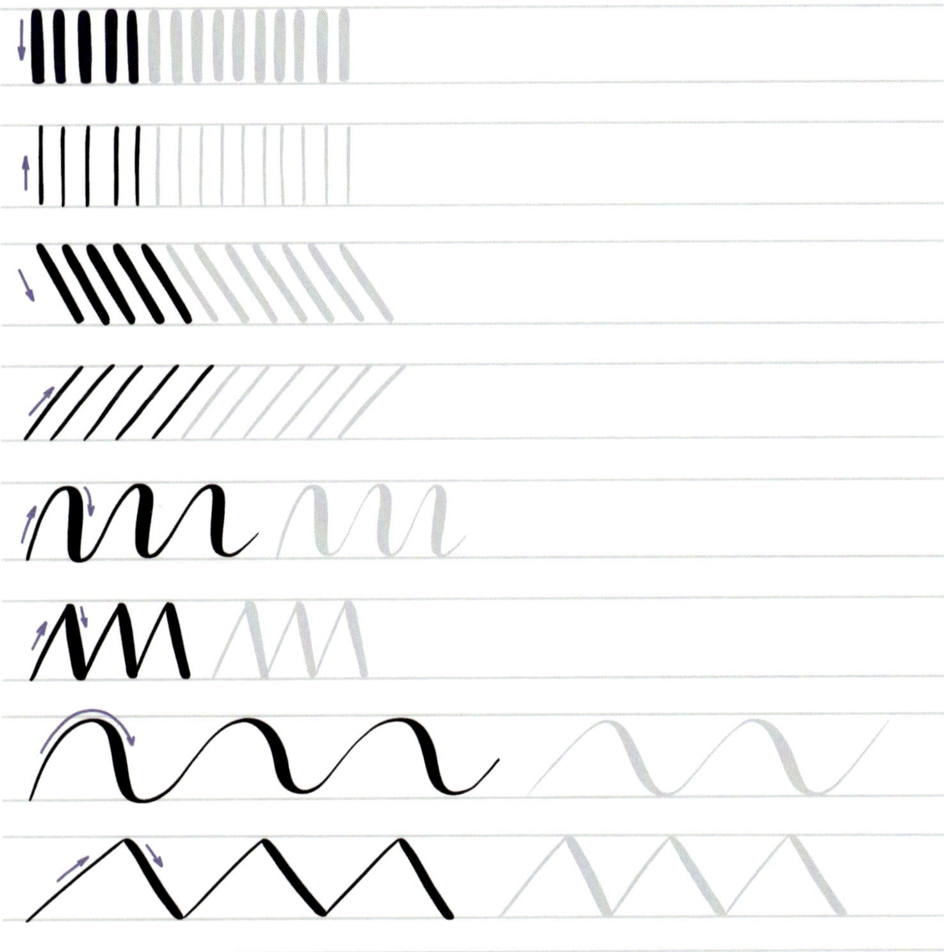

Ergänze deine Aufwärmübungen nun noch mit den folgenden, neue Formen. Das sind typische Bewegungsformen, die du beim Malen von Buchstaben mit deinem Brush Pen verwendest. Probiere auch die verschiedenen Querbalken aus. Diese brauchst du später zum Beispiel für den Buchstaben T.

Tipp

Verkrampfe dich beim Malen der Formen nicht. Wenn es sich schwierig anfühlt, mache lieber eine kurze Pause. Fingerübungen können hier sehr hilfreich sein.

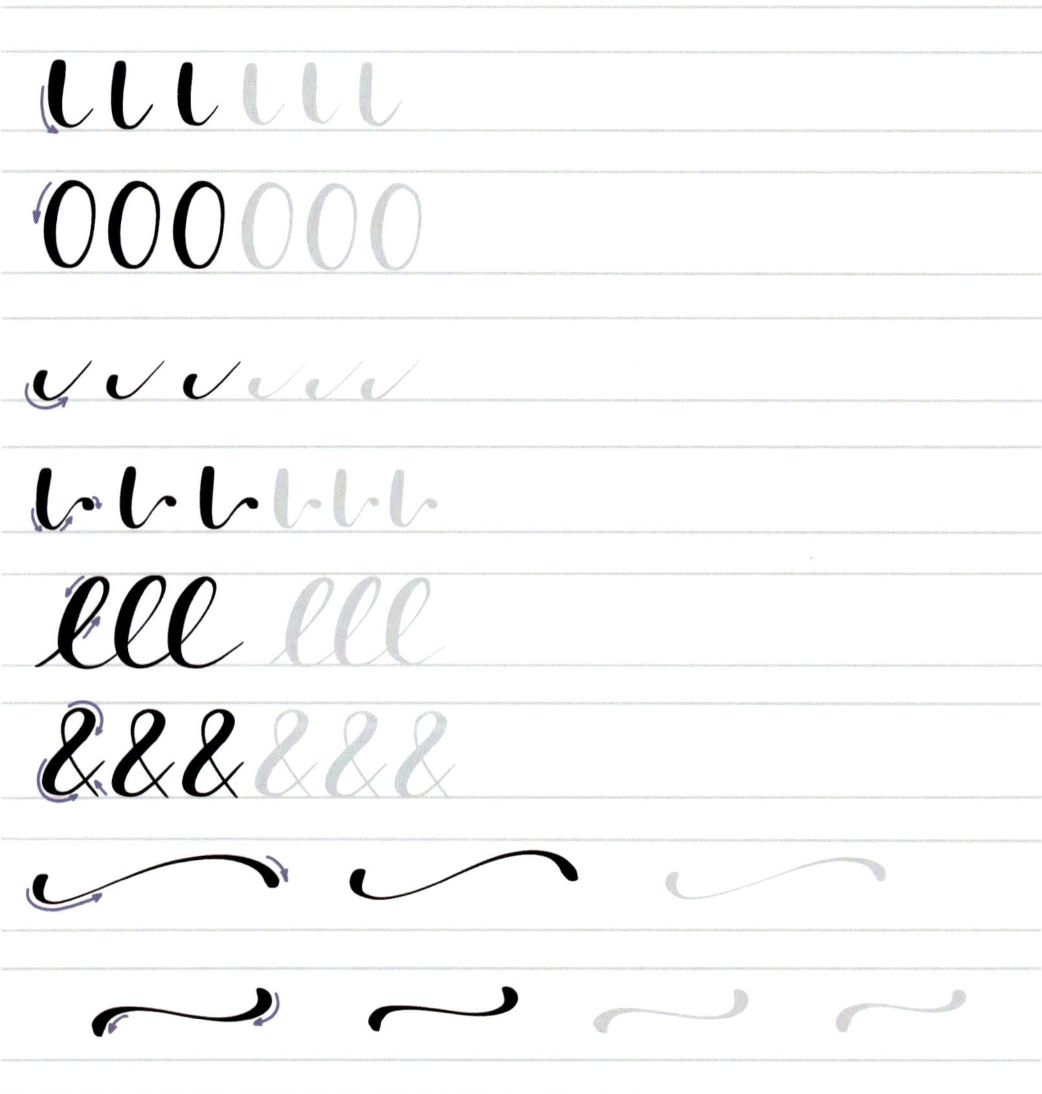

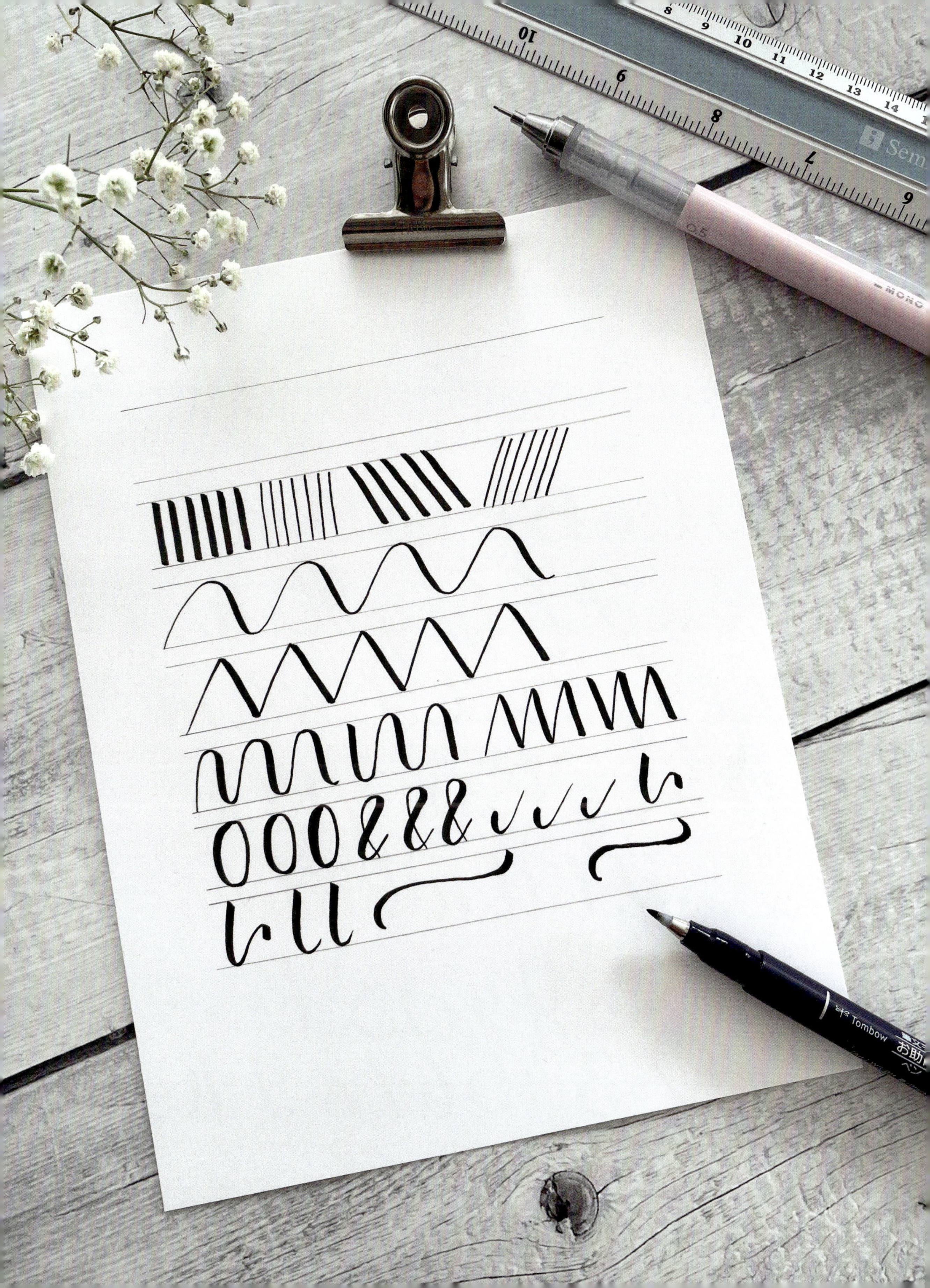

Tombow

Mein Brush-Lettering-Alphabet

Hier stelle ich dir mein persönliches Alphabet zum Üben zur Verfügung. Mit der Zeit wirst du Lust bekommen, die Buchstaben so zu verändern, wie sie dir gefallen. Und denke daran: Nobody is perfect! Das Gestalten von schönen Buchstaben soll Spaß machen und nicht an den eigenen Qualitätsansprüchen scheitern.

Tipp

Setze – anders als beim handschriftlichen Schreiben – nach jeder gezogenen Form den Stift kurz ab. Mitunter kann es sehr anstrengend sein, die Buchstaben so konzentriert zu malen. Ein kurzes und bewusstes Aus- und Einatmen schafft neue Energie.

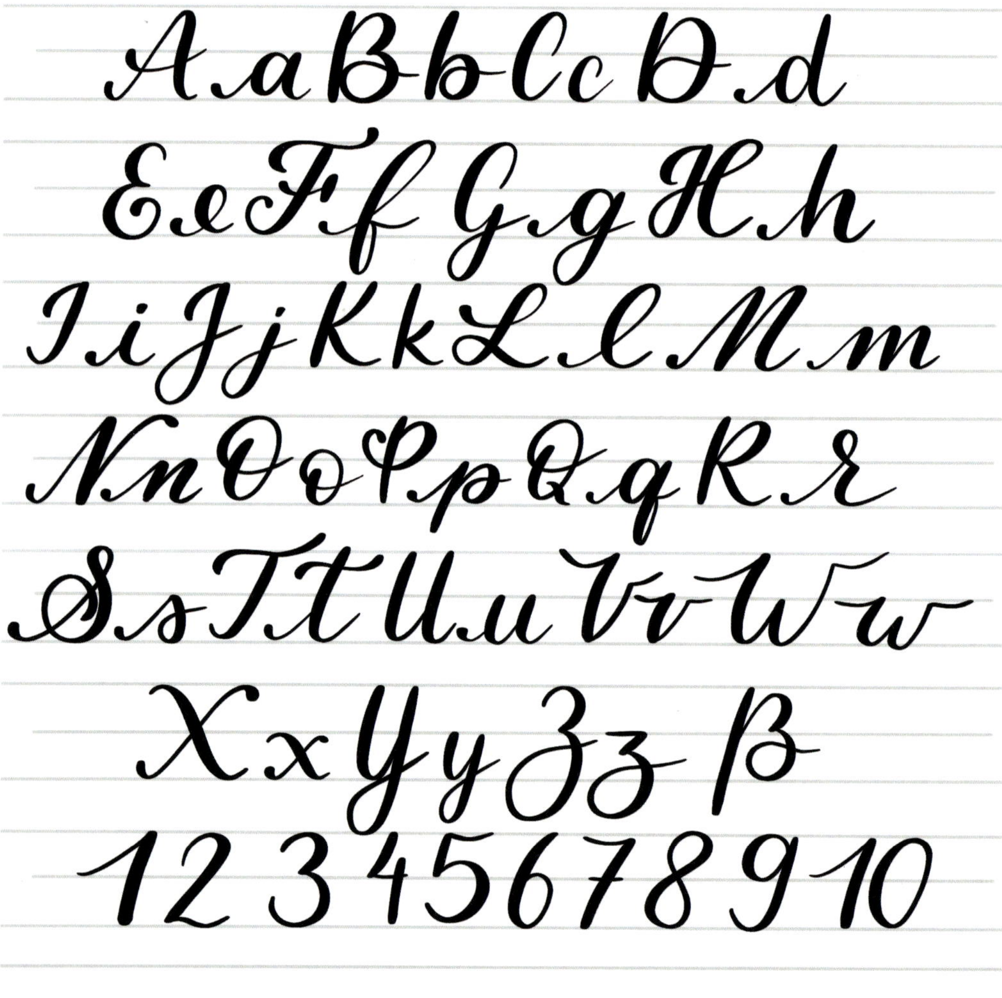

Aufgabe

Übe das Brush-Lettering-Alphabet mit seinen Groß- und Kleinbuchstaben. Nutze dafür gern wieder Transparentpapier zum Abpausen.

Buchstaben zusammensetzen

Um Buchstaben zusammenzusetzen, nutzen wir wieder Verbinder oder Konnektoren. Wichtig ist hier der gleichmäßige Abstand zwischen den einzelnen Buchstaben. Nutze den Schwung der vorangegangenen Form. Setze den nächsten Buchstaben, wie das Beispiel zeigt, auch auf halber Höhe an.

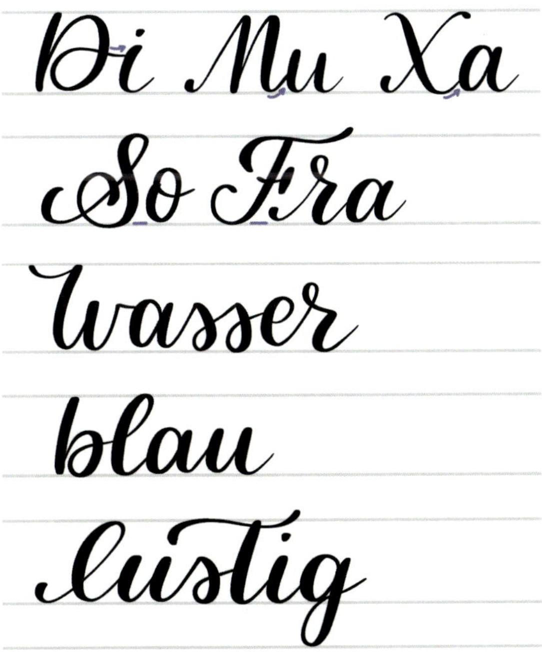

Auch hier gibt es wieder Ausnahmen bei der Verbindung von Groß- und Kleinbuchstaben. Hier siehst du zwei Beispiele.

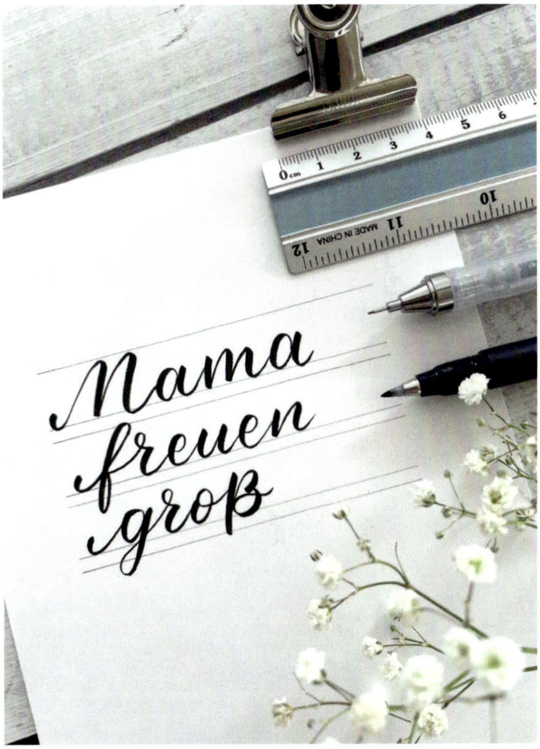

Aufgabe

Suche aus der Schöne-Wörter-Liste im Buch hinten verschiedene Worte aus und übe sie mit besonderem Fokus auf der Verbindung der einzelnen Buchstaben.

Projekt

Dein Projekt heute: eine kleine, feine Geburtstagskarte, die einfach und schnell gestaltet ist.

1 Schneide deine Karte auf die passende Größe zurecht. Ziehe anschließend mit einem Bleistift zwei Linien mit größerem Abstand. Male zuerst das Wort „Birthday“ mit deinem Brush Pen auf die Karte. So kannst du, gerade wegen des T-Schwungs, die obere Bleistiftlinie eventuell noch einmal anpassen.

2 Setze im zweiten Schritt das Wort „Happy“ in großen Druckbuchstaben über dein bereits gestaltetes Wort.

3 Wenn du magst, verziere den Weißraum mit kleinen, farbigen Punkten. Die Bleistiftlinien radierst du erst weg, wenn alles gut getrocknet ist.

Mit so einer schönen, kleinen Karte hast du einen Platz im Herzen des Geburtstagskindes bestimmt sicher.

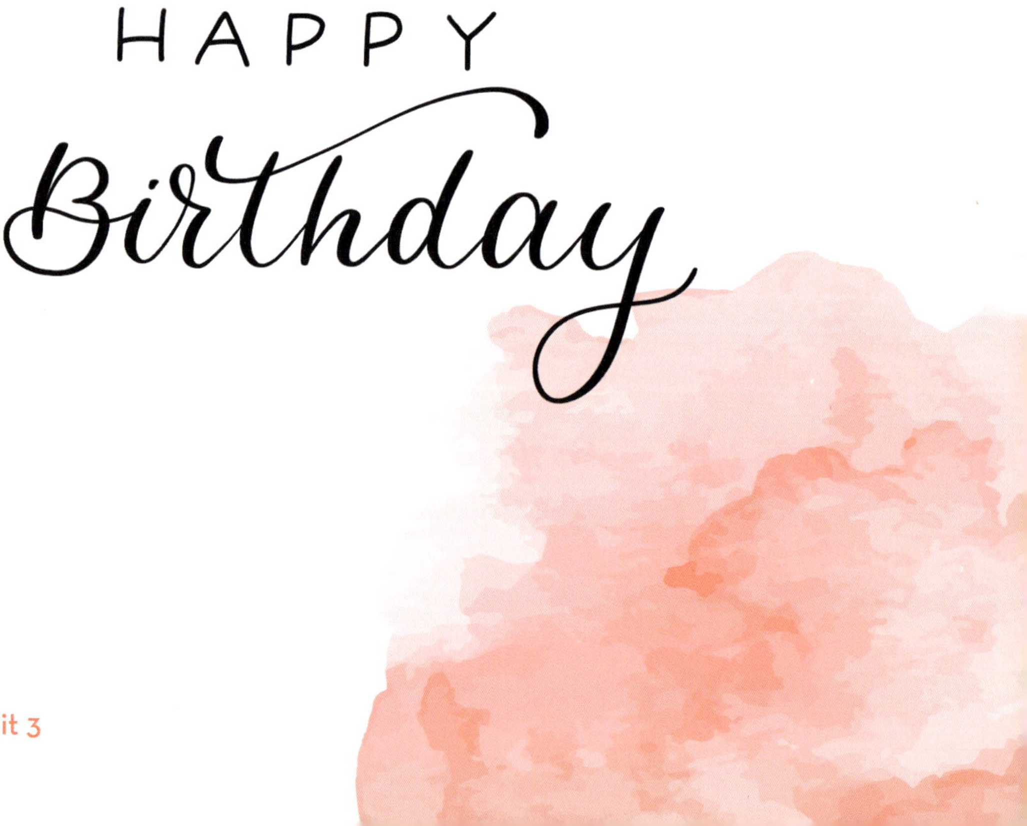

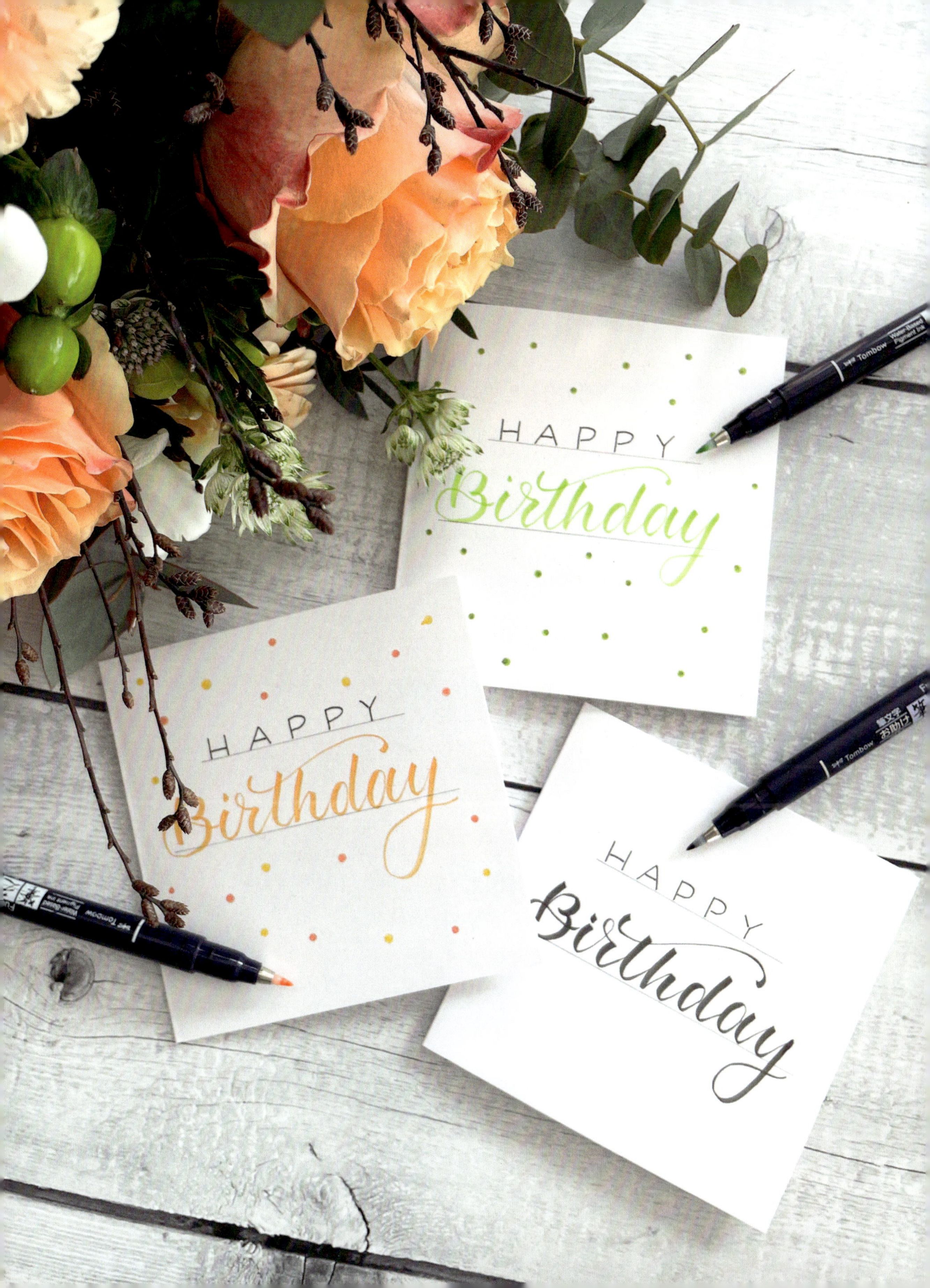
HAPPY
Birthday
HAPPY
Birthday
HAPPY
Birthday
Tombow

Übungseinheit 4

Faux Calligraphy

Die Faux Calligraphy oder auch Fake Calligraphy ist eine praktische Schriftart, die das Brush Lettering imitiert.

Du kannst die Faux Calligraphy auch immer dann einsetzen, wenn dir kein Brush Pen zur Verfügung steht, zum Beispiel, wenn du mit Kreidestiften auf Tafeln oder mit speziellen Markern auf Glas malen möchtest.

Material

Für diese Übungseinheit und das Projekt nutze ich folgende Materialien:

Fineliner

Kreidemarker in unterschiedlichen Strichstärken

schwarzes Papier

Kreidetafel

Lineal

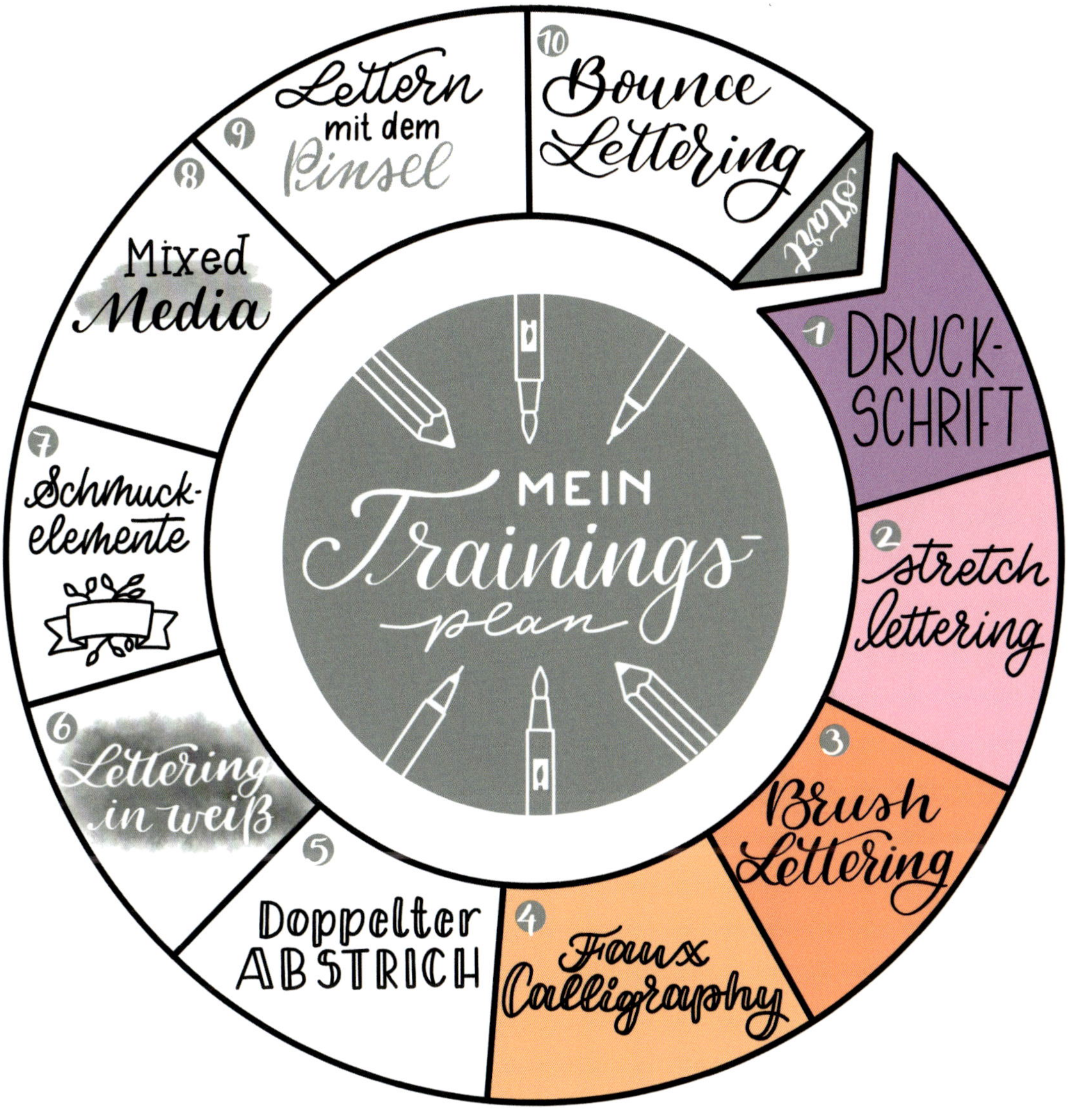
MEIN Trainings-plan
Start
1 DRUCK-SCHRIFT
2 stretch lettering
3 Brush Lettering
4 Faux Calligraphy
5 Doppelter ABSTRICH
6 Lettering in weiß
7 Schmuck-elemente
8 Mixed Media
9 Lettern mit dem Pinsel
10 Bounce Lettering

Aufwärmübungen

Wiederhole alle Aufwärmübungen, die du bisher gelernt hast. Achte hier besonders darauf, zwei nebeneinanderliegende Abwärtslinien parallel zueinander verlaufen zu lassen. Bei der Faux Calligraphy malen wir die Buchstabenformen mit einer Monolinie und verdoppeln alle Abwärtslinien in einem gleichmäßigen, parallelen Abstand. Verwende zum Üben erst einmal einen Fineliner.

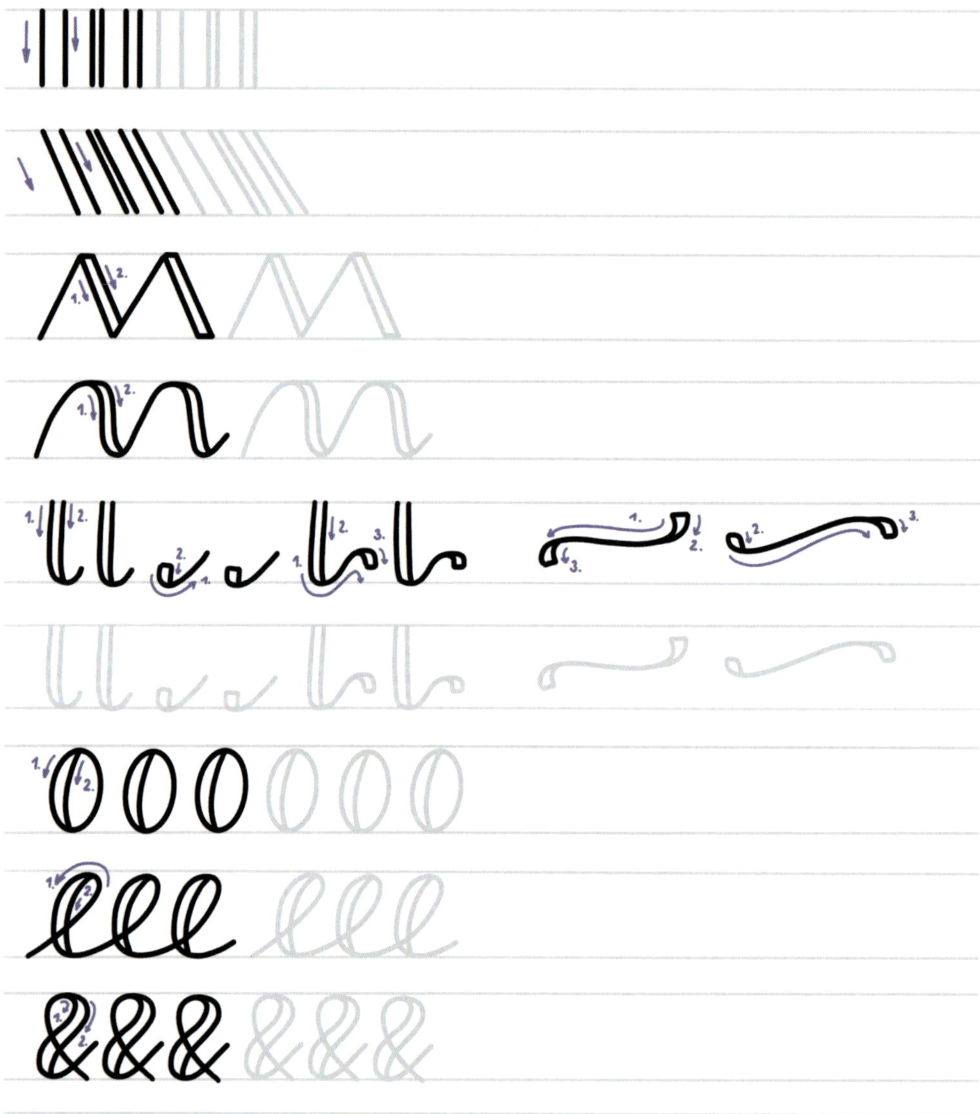

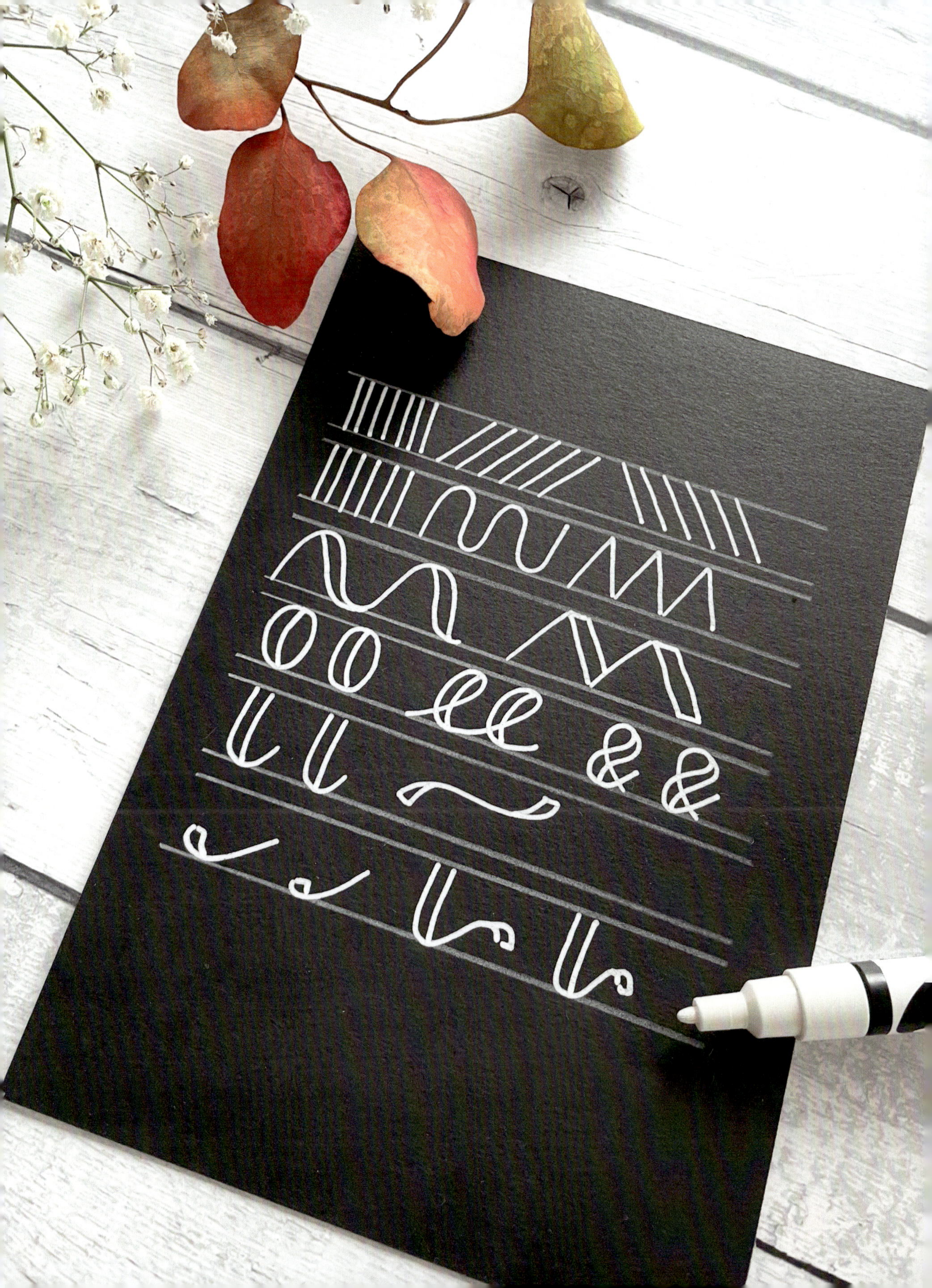

Mein Faux-Calligraphy-Alphabet

Die Grundlage dieses Alphabets ist das Brush-Lettering-Alphabet. Hier kannst du zum Beispiel mit einem Fineliner arbeiten. Wie das geht, zeige ich dir auf der nächsten Seite.

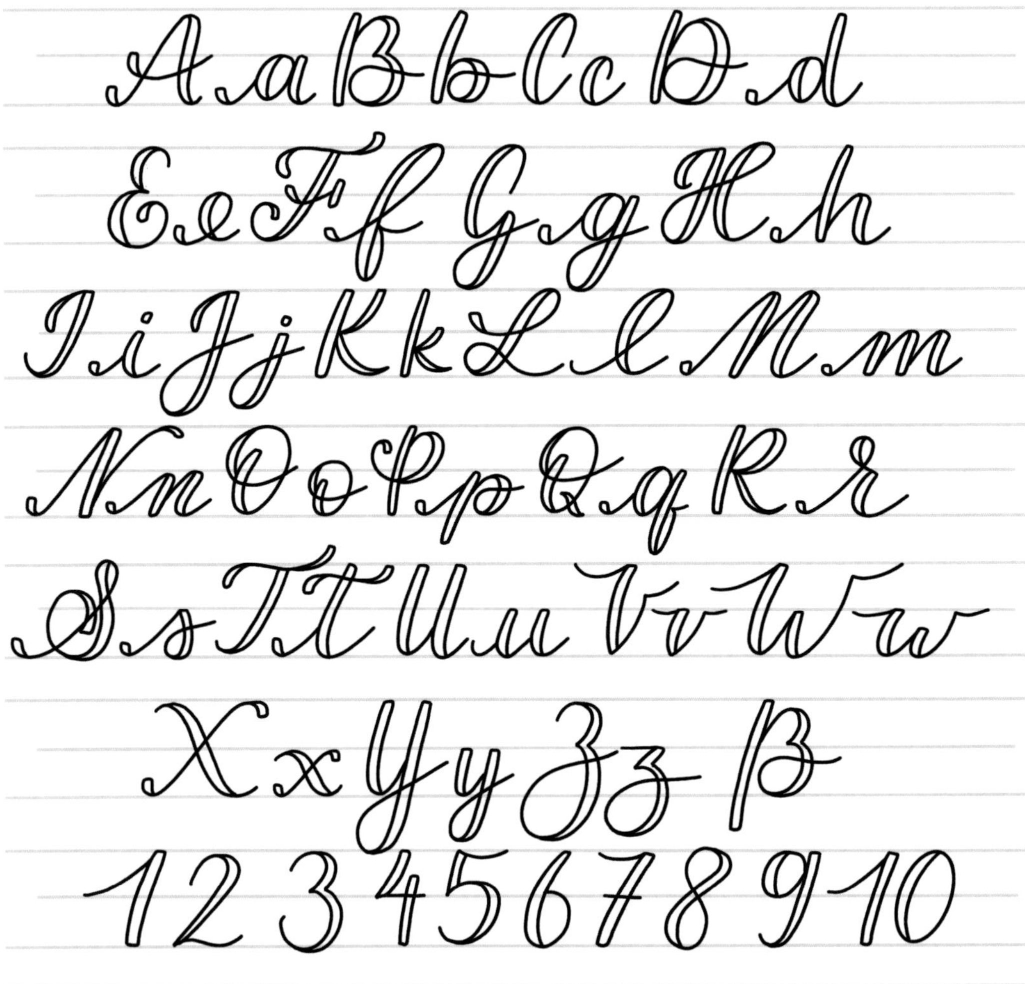

Der Aufbau

Um deine Buchstaben im Stil der Faux Calligraphy zu gestalten, malst du die Form des Buchstabens zuerst nur mit einer einfachen Linie. Achte darauf, dass du die Formen nicht zu eng aneinanderlegst – du brauchst den Abstand, um die zweite Linie anzufügen. Setze nun eine zweite, parallele Linie auf die rechte Seite jeder Abwärtslinie. Auf diese Weise entstehen Leerräume, die du füllen kannst. Komplett ausgemalt, entsteht derselbe Effekt, den du beim Brush Lettering erzeugst.

Fällt dir auf, dass der Faux-Calligraphy-Stil immer perfekter aussieht als ein Brush Lettering? Das liegt daran, dass wir mit dem Stift gleichmäßigen Druck auf das Papier ausüben.

Tipp

Gestalte das gleiche Wort einmal im Faux-Calligraphy- und einmal im Brush-Lettering-Stil. So erkennst du, an welchen Stellen du in deinem Brush Lettering noch üben kannst.

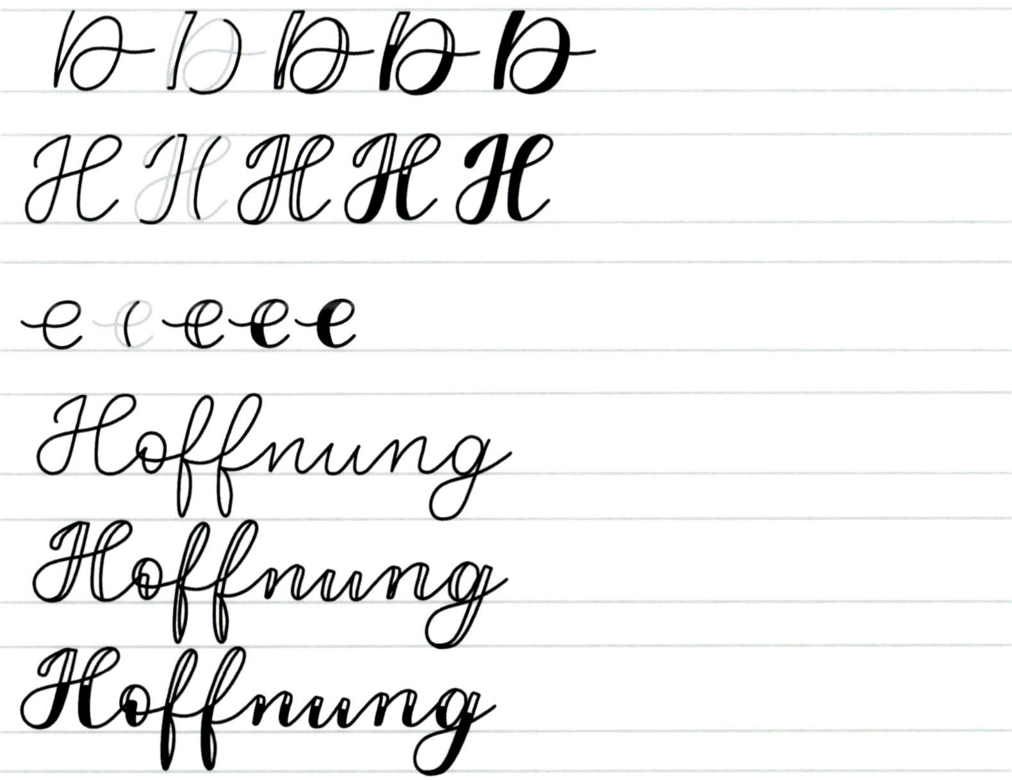

Aufgabe

Übe nun einzelne Buchstaben aus dem Faux-Calligraphy-Alphabet. Achte dabei immer auf die parallele Strichführung.

Suche dir im zweiten Schritt Wörter aus der „Schöne-Wörter-Liste“ am Ende des Buchs. Übe diese, indem du die Buchstabenformen jetzt mit einem Kreidemarker auf schwarzes Papier malst.

Gestalte außerdem noch einmal das gleiche Wort mit einem Brush Pen. So kannst du sehen, an welcher Stelle im Übergang von dünner zu dicker Linie du im Brush Lettering noch üben kannst.

Vielleicht möchtest du nach dieser Übungseinheit noch einmal zu Einheit 3 und dem Thema Brush Lettering zurückkehren? Übe gern mit unterschiedlichen Wörtern weiter.

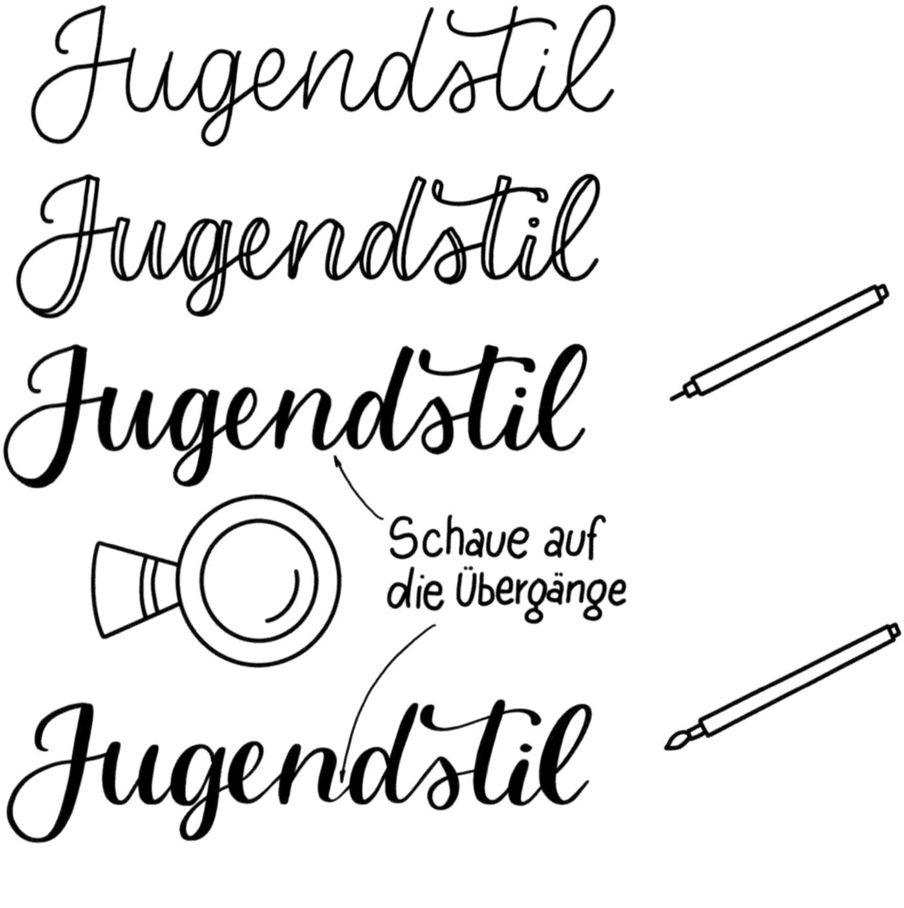

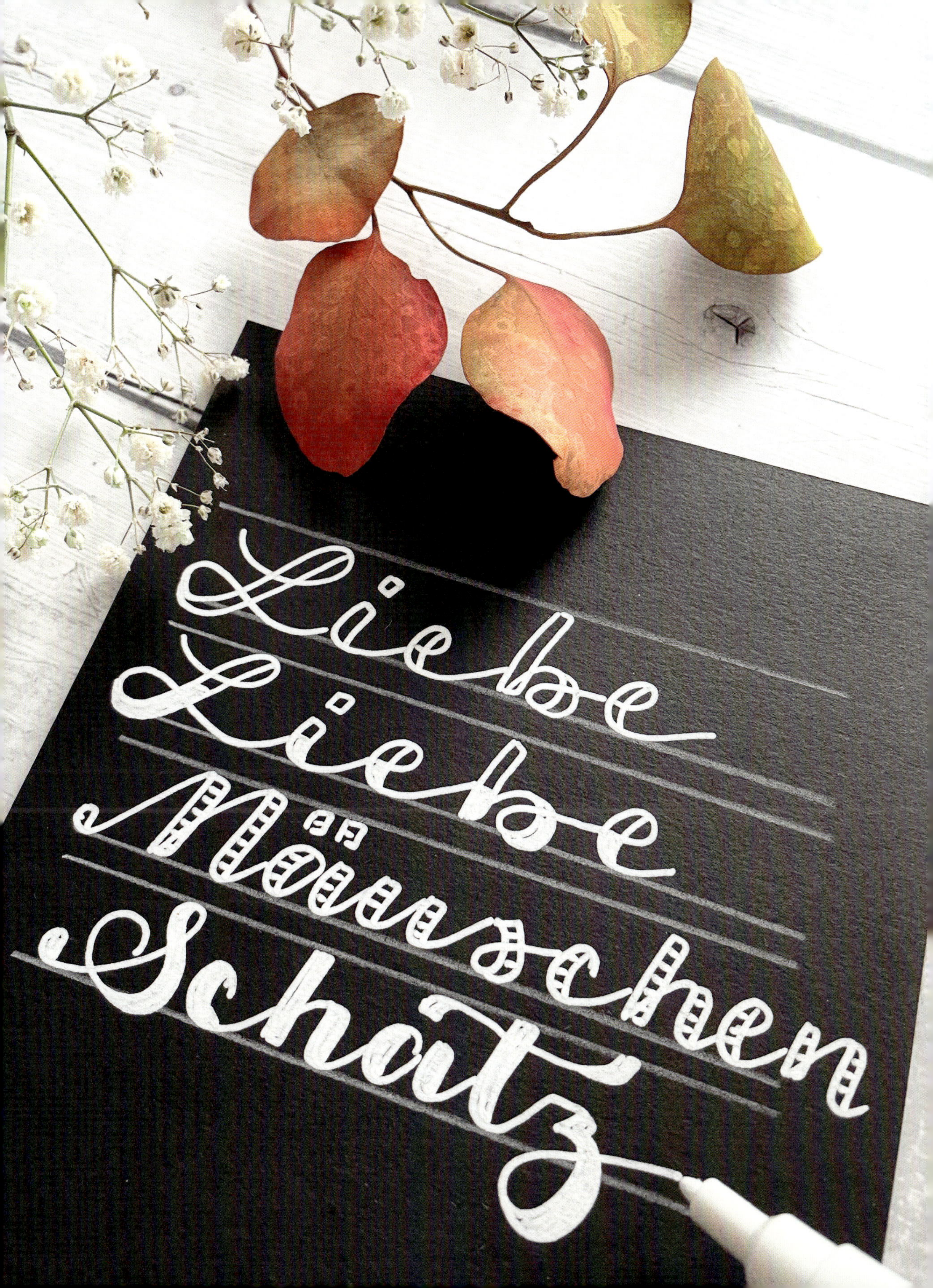
Liebe
Liebe
Möäuschen
Schatz

Projekt

Für dieses Projekt nutzen wir eine Kreidetafel im Format 25 x 50 cm. Du kannst sie aus einer Platte vom Baumarkt und Tafelfarbe ganz leicht selbst herstellen.

1 Damit deine Worte auf einer Höhe bleiben, legst du am besten ein Lineal als Schreibhilfe auf die Tafel. Das Wegradieren von Linien funktioniert auf der Kreidetafel nicht ganz so gut. Schüttele deine Kreidemarker kräftig und drücke die Stiftspitze anschließend in Pumpbewegungen auf ein Schmierblatt, bis die Farbe herausfließt. Wiederhole diesen Vorgang zwischendurch immer wieder.

2 Nimm deinen Kreidemarker zur Hand und gestalte als erstes das Wort „Kräfte" im Faux-Calligraphy-Stil. Dein Kreidemarker muss übrigens nicht weiß sein, es gibt sie noch in vielen anderen Farben. Weiß erzeugt allerdings den besten Kontrast zur schwarzen Tafelfarbe.

Beachte, dass Kreidemarker ein paar Minuten Zeit zum Trocknen brauchen. Teste also vorsichtig, ob die Fläche noch feucht ist, bevor du deine Hand oder ein Blatt Papier als Unterlage darauflegst, um Verfeinerungen vorzunehmen.

3 Wenn dein erstes Wort getrocknet ist, gestaltest du in normaler Druckschrift die beiden Worte darüber.

4 Nimm dir als nächstes das Wort „Leben" vor. Gestalte es, bis du zufrieden bist und fülle erst dann die Lücken mit den restlichen Worten.

An einem schönen Ort lädt dieser Spruch zum Nachdenken ein.

Tipp

Solltest du gerade keine Zeit und Lust haben, eine Kreidetafel selbst herzustellen, kannst du natürlich auch eine kaufen. Oder du verwendest als Alternative schwarze KAPA-Leichtstoffplatten. Du bekommst sie im Künstlerbedarf, zum Beispiel bei der Firma Boesner.

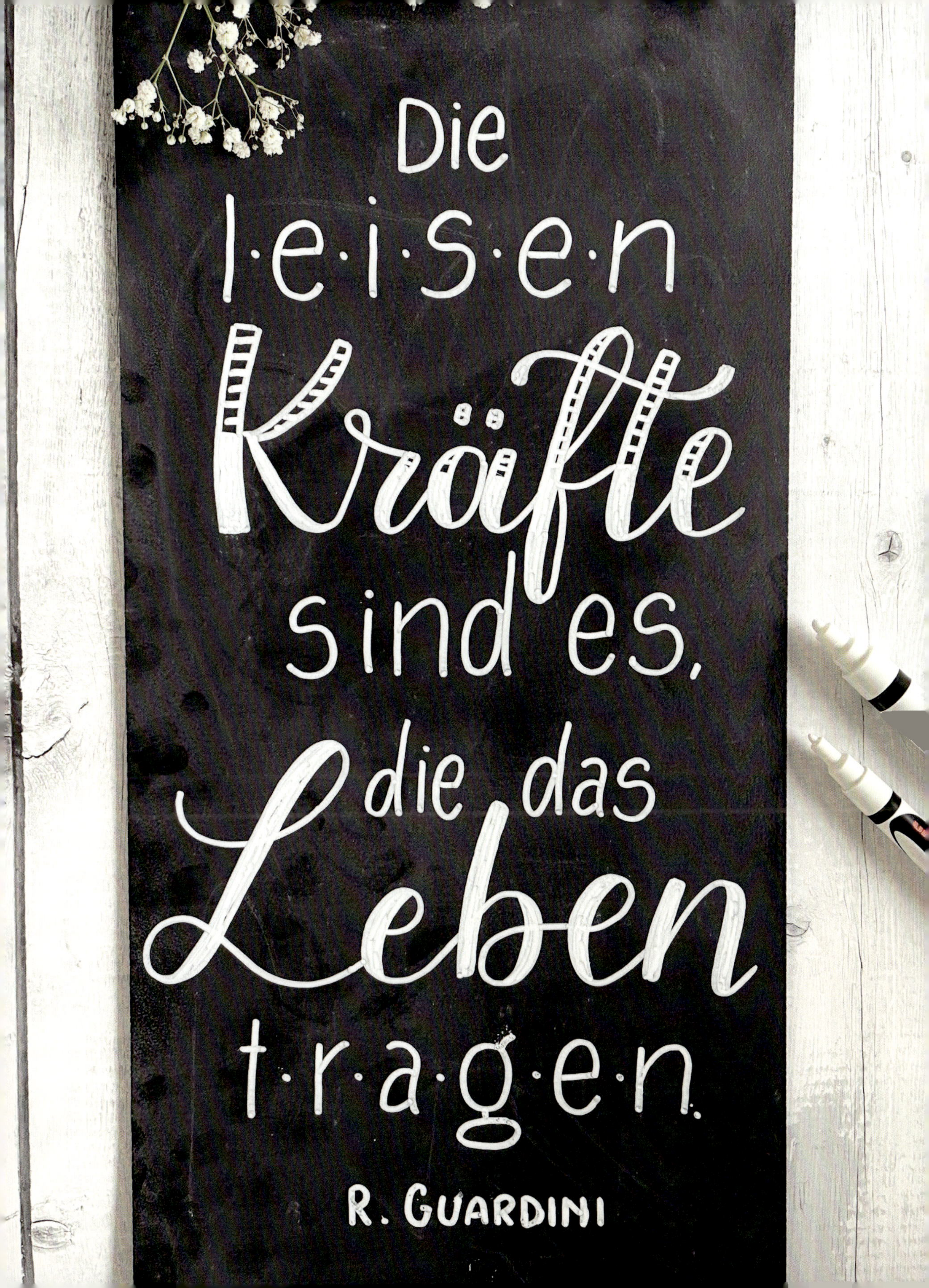
Die
l·e·i·s·e·n
Kräfte
sind es,
die das
Leben
t·r·a·g·e·n.
R. GUARDINI

Übungseinheit 5

DRUCKBUCHSTABEN
mit doppeltem Abstrich

In der letzten Übungseinheit hast du viel über Faux Calligraphy erfahren. Jetzt zeige ich dir, wie sich die Technik auch auf das Druckbuchstaben-Alphabet anwenden lässt.

Anders als bei der Faux Calligraphy werden hier allerdings nicht alle Abstriche eines Buchstabens verdoppelt, sondern nur der erste.

Ich nutze diese Schriftart gern bei der Gestaltung auf speziellen Untergründen wie zum Beispiel Stein, Glas oder Holz, aber auch zum Kreieren schöner Letterings auf Papier.

Material

Für diese Übungseinheit und das Projekt nutze ich folgende Materialien:

Acrylmarker in Schwarz, z. B. von Montana

Watercolor-Marker, z. B. von Winsor & Newton

Flachpinsel 3 mm oder Rundpinsel Größe 2

Satiniertes Aquarellpapier, z. B. von Winsor & Newton

Wasserglas

Küchenkrepp

Glasbilderrahmen mit Aufhängung

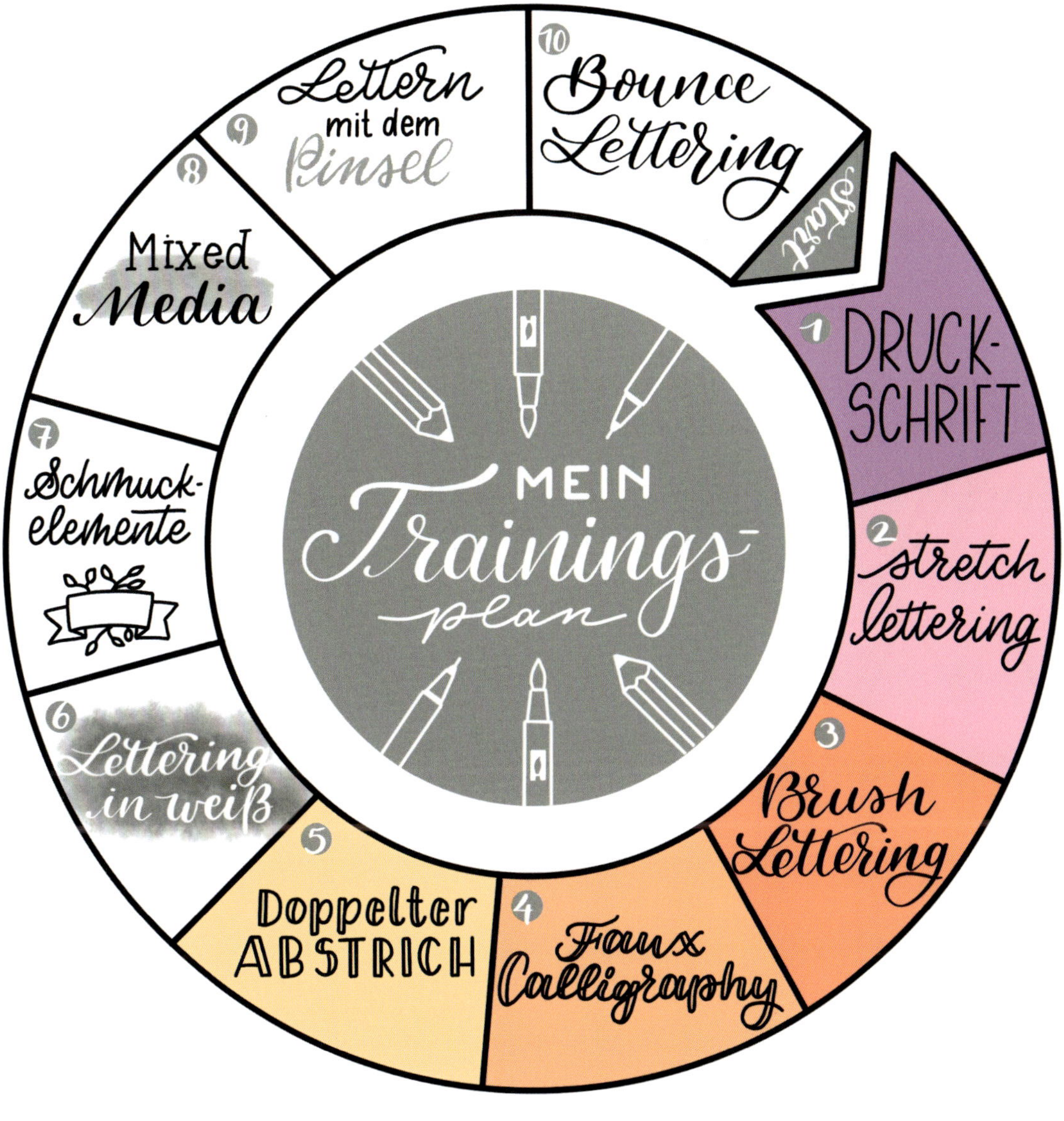
MEIN Trainings-plan
Start
1 DRUCK-SCHRIFT
2 stretch lettering
3 Brush Lettering
4 Faux Calligraphy
5 Doppelter ABSTRICH
6 Lettering in weiß
7 Schmuck-elemente
8 Mixed Media
9 Lettern mit dem Pinsel
10 Bounce Lettering

Aufwärmübungen

Wir starten wieder mit unseren Aufwärmübungen. Wahrscheinlich wirst du schon langsam merken, wie dir durch das regelmäßige Training die Formen leichter von der Hand gehen. Wenn du magst, kannst du diesmal mit einem Acrylmarker arbeiten. Dabei solltest du allerdings darauf achten, dass die Marker in der Handhabung noch einmal besonders sind, da man sie, wie Kreidemarker auch, regelmäßig pumpen muss, um den Tintenfluss zu gewährleisten.

Achte bei den Aufwärmübungen auch wieder besonders auf den gleichmäßigen Abstand der parallelen Linien.

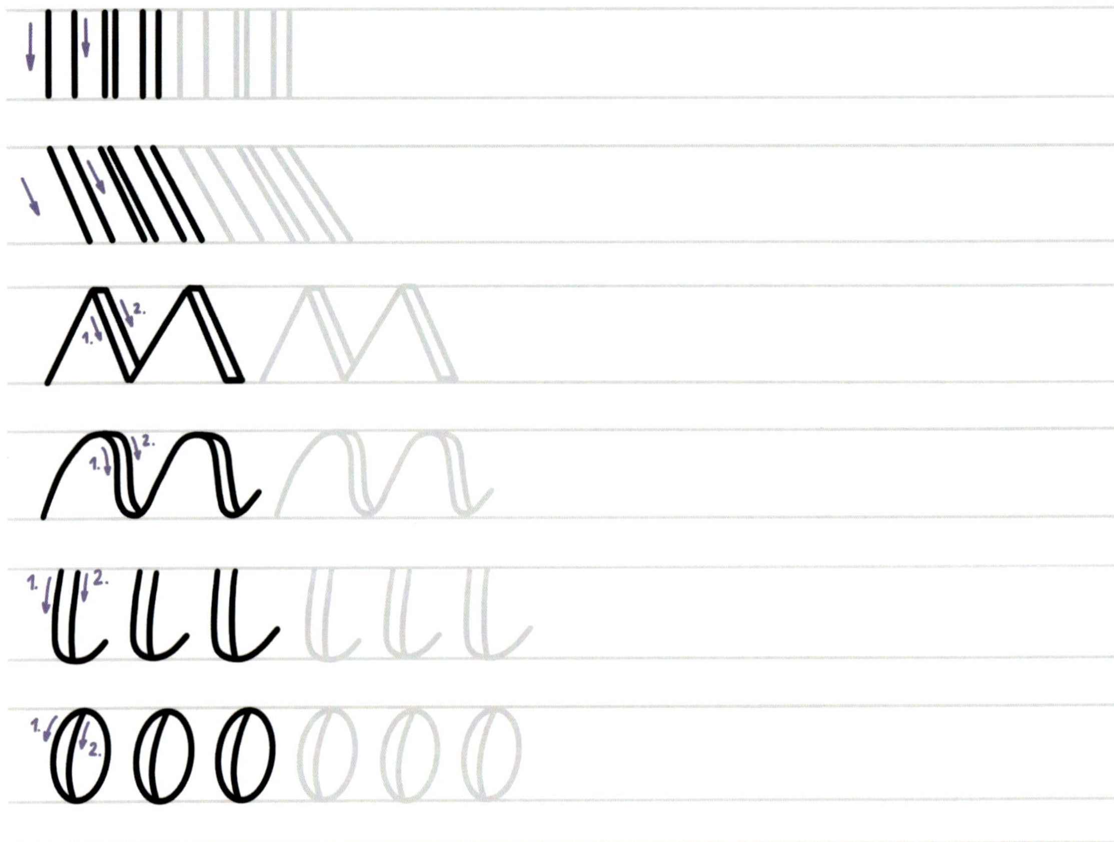

Der doppelte Abstrich

Gehe von der Grundform des Buchstabens aus und ziehe eine parallele Linie im gewünschten Abstand zum ersten Abstrich. Entstehen dabei offene Zwischenräume wie beispielsweise beim A, verschließt du sie oben und unten mit einem geraden Strich. Setze die zweite Linie wie bei der Faux Calligraphy immer rechts an. Eine Ausnahme bildet nur das S – hier zeige ich dir, wie du das Problem bei diesem Buchstaben löst. Achte bitte darauf, dass deine parallelen Abstriche in etwa den gleichen Abstand haben. So erzielst du eine ausgewogene Wirkung.

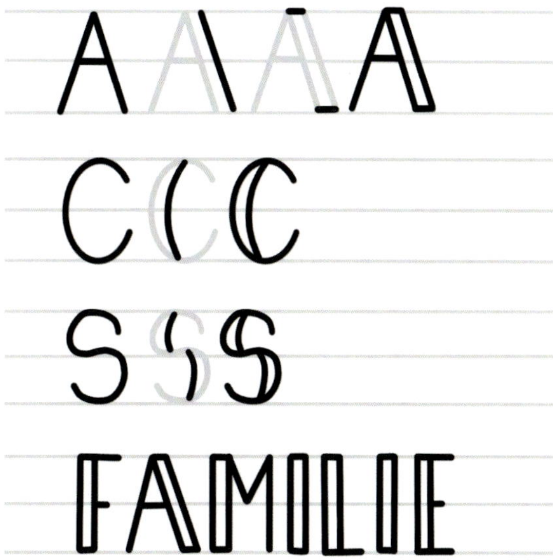

Zwischenräume füllen

Ich liebe diese Schriftart dafür, dass die entstandenen Zwischenräume kreativ gefüllt werden können. Angefangen bei Linien, Punkten bis hin zu illustrativen Elementen sind deiner Kreativität keine Grenzen gesetzt. Auch mit der Füllhöhe lässt sich wunderbar spielen.

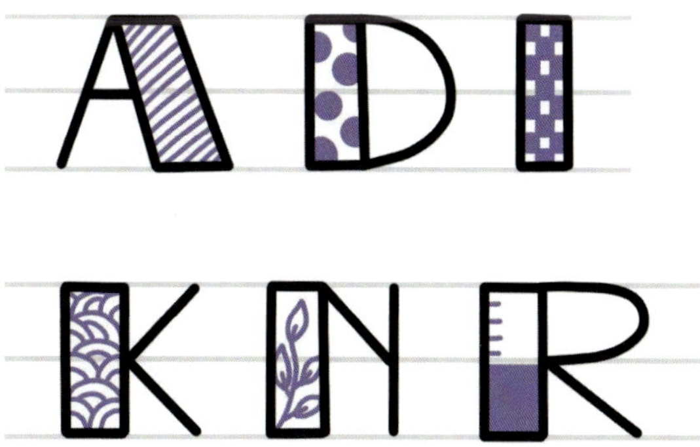

Mein DRUCKBUCHSTABEN-Alphabet mit doppeltem Abstrich

Hier siehst du das komplette Alphabet mit verschiedenen Möglichkeiten für gefüllte Zwischenräume. Mit unterschiedlichen Füllhöhen gelingen dir großartige Effekte.

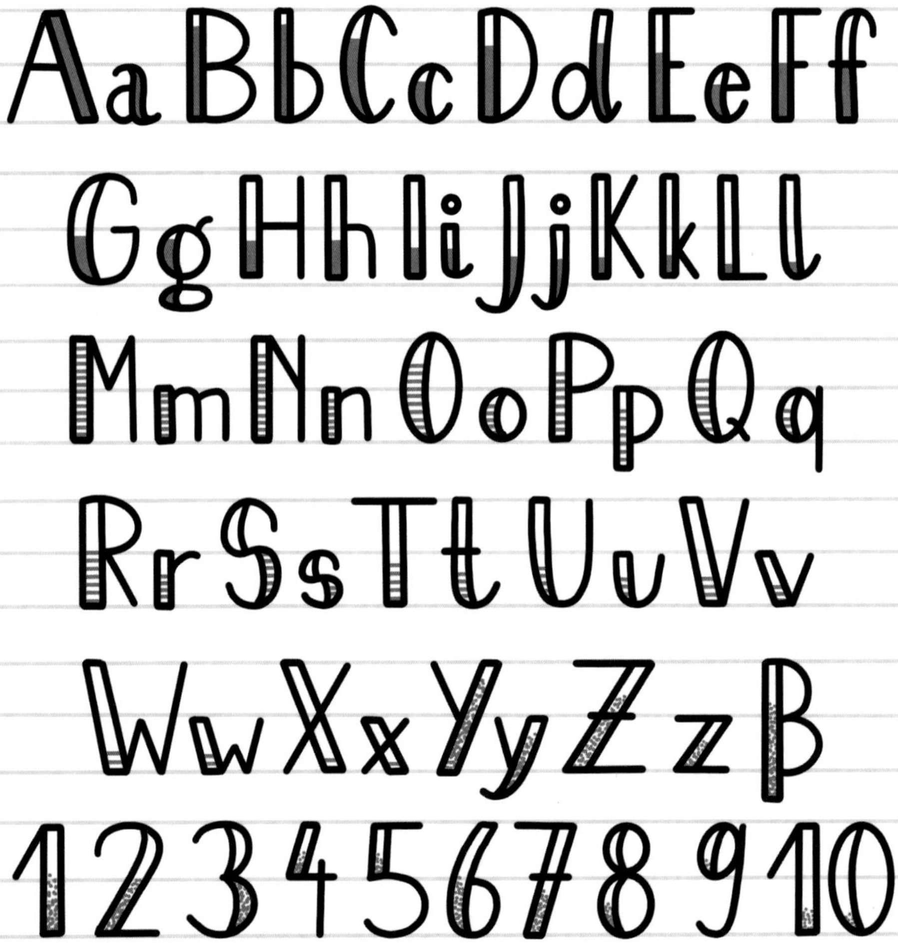

Aufgabe

Übe dieses Alphabet und spiele dabei mit der Breite der Zwischenräume. Suche dir anschließend ein Wort aus der „Schöne-Wörter-Liste“ und gestalte es in dieser Technik.

Tipp

Achte beim Gestalten eines Wortes auf gleichmäßige Zwischenräume deines doppelten Abstrichs.

Zwischenräume füllen mit Watercolor-Blending

Watercolor ist sehr beliebt – du kannst den Aquarelleffekt auch in deine Letterings einbringen. Hier siehst du, wie du die Zwischenräume, die durch den doppelten Abstrich bei Druckbuchstaben entstehen, mit der Technik des Verblendens von Farben füllen kannst. Für das Blending funktionieren Watercolor-Marker sehr gut, dein Malgrund sollte satiniertes (hot pressed) Aquarellpapier sein.

Hier siehst du mein Alphabet aus Großbuchstaben, bei dem ich die Zwischenräume mit Watercolor-Markern verblendet habe.

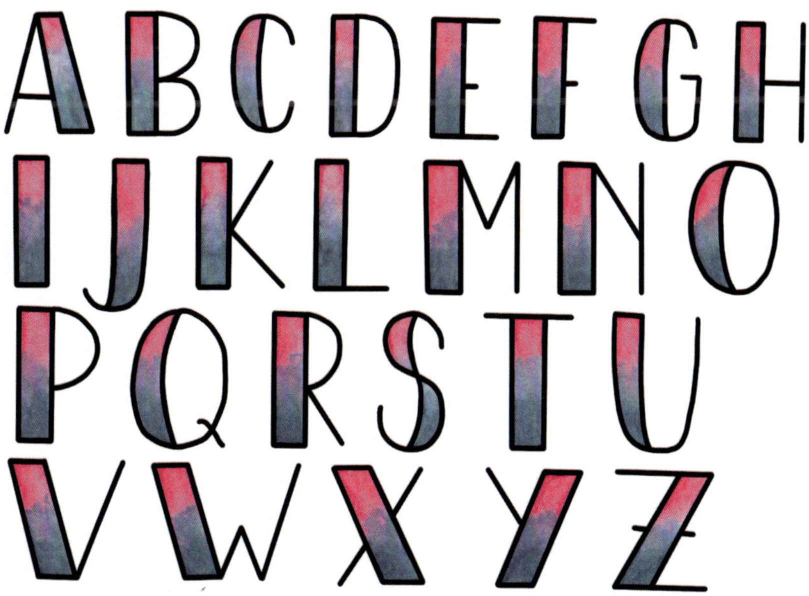

Blending - so geht's

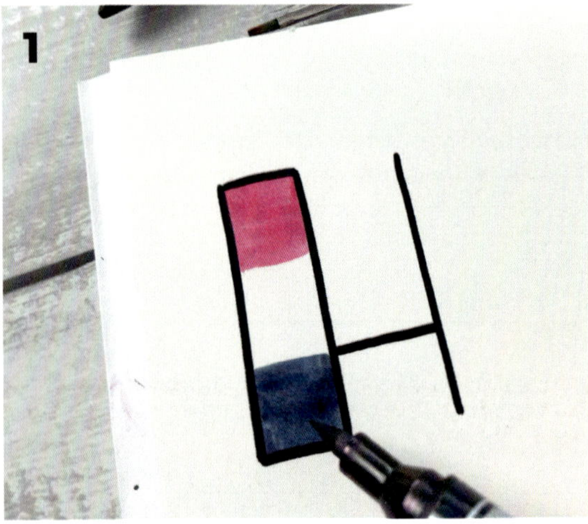

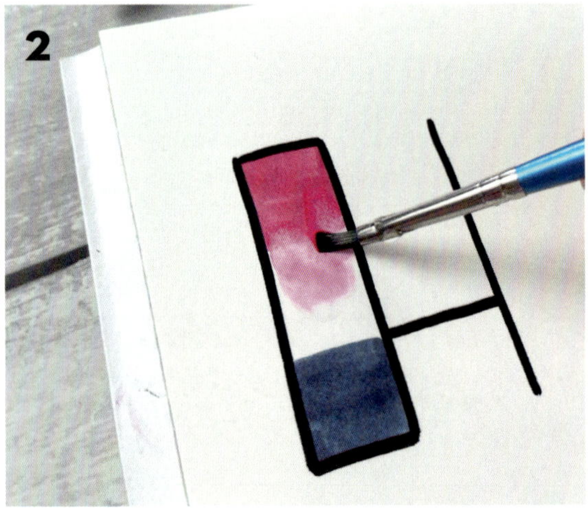

1 Zeichne deinen Buchstaben mit einem schwarzen Permanent- oder Acrylmarker vor. Trage mit der Pinselspitze eines Watercolor-Markers mit der Farbe deiner Wahl etwas Pigment am oberen Rand auf. Mache dasselbe mit einer zweiten Farbe am unteren Rand der Füllung.

2 Tupfe anschließend mit deinem feuchten Flachpinsel – überschüssiges Wasser bitte mit Küchenkrepp aufsaugen – etwas Wasser in den weißen Bereich zwischen den beiden Farben. Verziehe nun mit langsamen, kreisenden Bewegungen beide Pigmente in diesem Bereich und vermische sie etwas, bis eine neue Farbe entsteht.

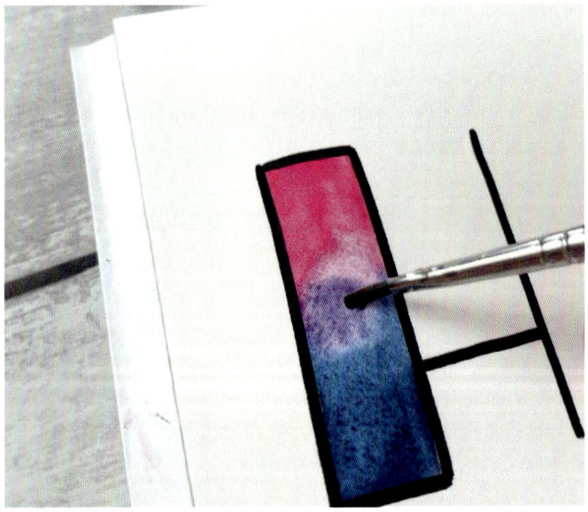

Du kannst die Zwischenräume deiner Buchstaben natürlich nicht nur mit Watercolor verblenden. Die Kombination von Watercolor mit Linien und Punkten bietet unzählige Möglichkeiten, deiner Kreativität freien Lauf zu lassen. Ein paar Beispiele siehst du auf der nächsten Seite.

Aufgabe

Übe den Blending-Effekt an verschiedenen Buchstaben. Denke dir dabei gern neue Kombinationsmöglichkeiten von Farben und Formen aus.

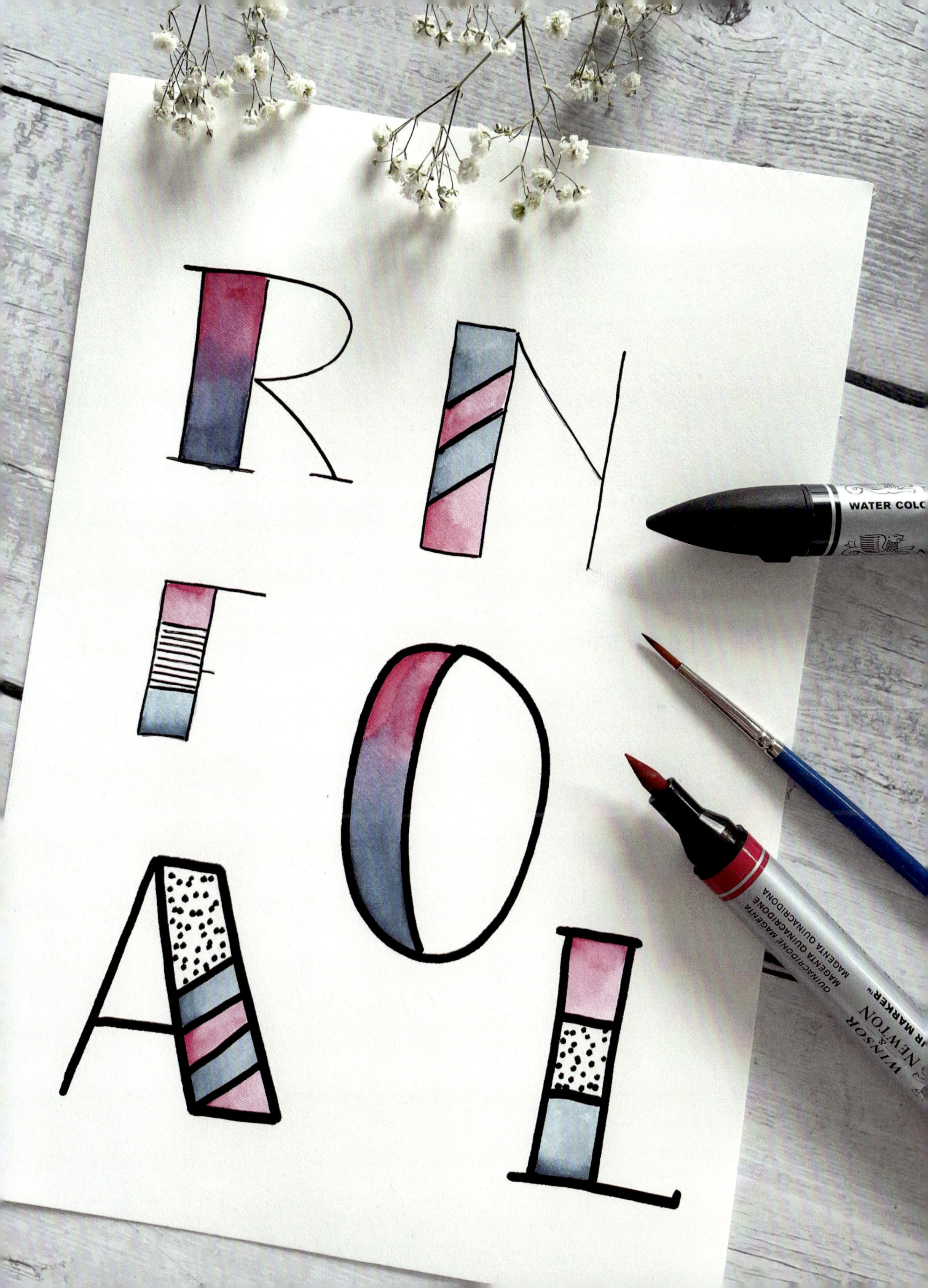

Projekt

Bei diesem Projekt malen wir unsere Buchstaben auf Glas, genauer gesagt, auf einen gläsernen Bilderrahmen. Ich mag es, dass die Struktur der Wand hindurchscheinen kann und der ganze Look sehr clean wirkt. Außerdem bietet Glas die Möglichkeit, dass du beim Gestalten eine Vorlage darunterlegen kannst.

1 Pumpe zuerst mit der Spitze des Acrylmarkers mehrmals auf ein Blatt Papier, sodass sie gut mit Farbe benetzt ist. Gestalte nun deinen Familiennamen mittig im Rahmen. Du kannst das freihand tun oder eine Vorlage unterlegen, die du zuvor angefertigt hast. Da der Marker recht schnell trocknet, musst du nicht allzu lange warten, bis du das Wort „Familie" darüber gestalten kannst.

2 Wenn du magst, male zum Abschluss noch eine kleine Blüte darunter. Du kannst gern auch schon einmal einen Blick in das Kapitel mit der Übungseinheit 7 werfen – dort findest du noch weitere Ideen für Schmuckelemente.

Lasse anschließend alles gut trocknen, bevor du das Bild an seinem neuen Platz aufhängst.

Tipp

Mein Tipp für die Weihnachtszeit: Gestalte Christbaumkugeln mit schönen Schriften. Dafür empfehle ich dir die Liquid Chrome Marker von Molotow. Diese haben nach dem Trocknen einen tollen Spiegelglanz-Effekt.

Aber auch für die restliche Zeit im Jahr lassen sich mit Acrylmarkern wunderschöne Dekorationen für den Innen- und Außenbereich gestalten.

Lass deiner Kreativität freien Lauf!

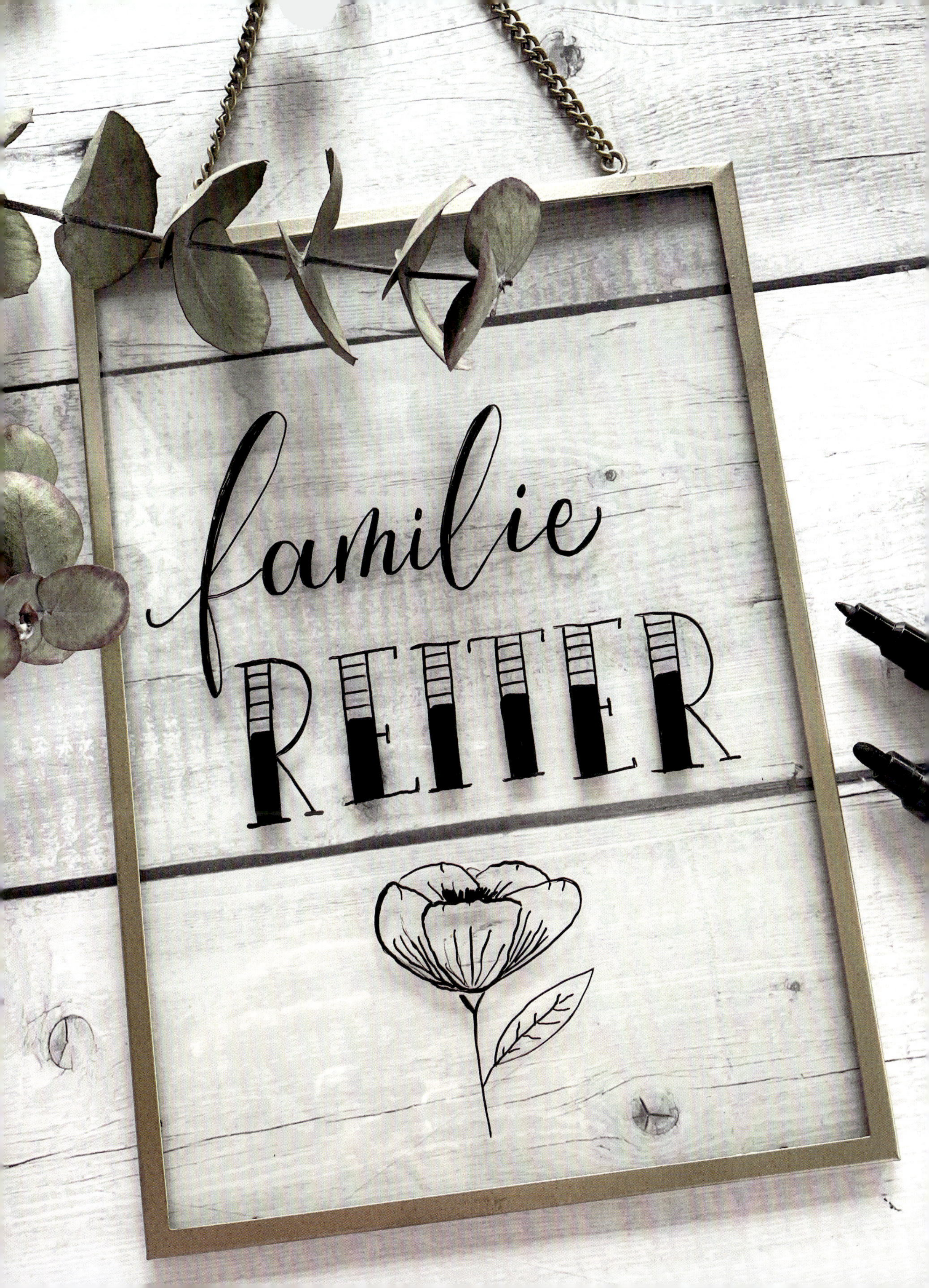
familie
REITER

Übungseinheit 6

Lettering in weiß auf farbigem Papier

Das Lettern auf farbigem Papier macht Spaß, bietet tolle Gestaltungsmöglichkeiten und kann zuweilen auch eine kleine Herausforderung sein – die wir gemeinsam meistern werden.

Ich zeige dir, was du beachten solltest, wenn du mit weißen Brush Pens, oder anderen weißen Stiften wie Gelrollern oder mit weißer Tinte befüllten Markern, zu Werke gehst. Außerdem widmen wir uns in dieser Einheit der Schattengebung an Buchstaben, ein spannender Effekt mit großer Wirkung.

Material

Für diese Übungseinheit und das Projekt nutze ich folgende Materialien:

Brush Pen in Weiß

Pastell Brush Pens, z. B. von Tombow

Farbiges Papier

Schwarzes Tonpapier

Bleistift

Radiergummi

Lineal

Gelroller in Rosa, z. B. von Sakura

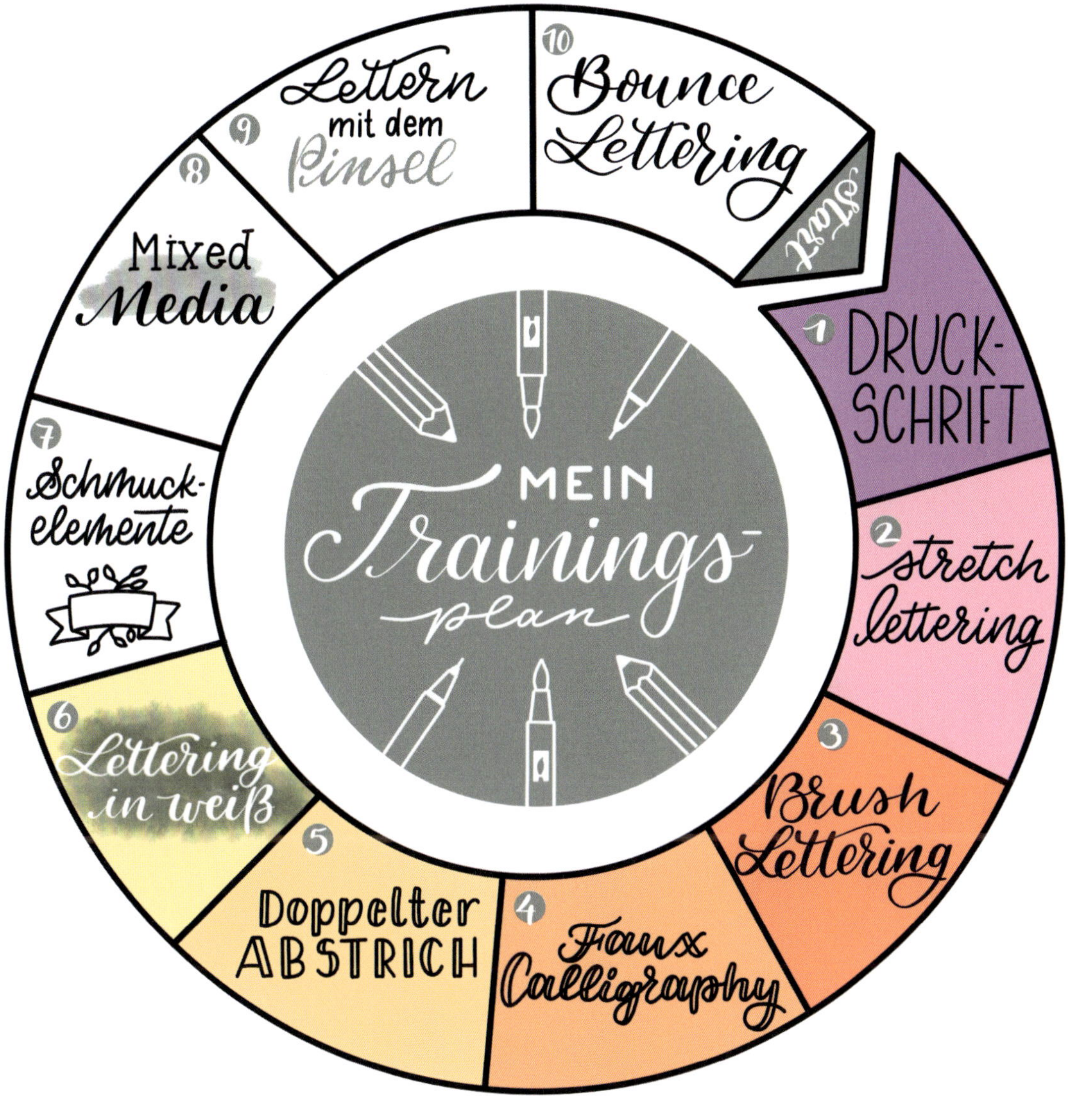
MEIN Trainings-plan
Start
1 DRUCK-SCHRIFT
2 stretch lettering
3 Brush Lettering
4 Faux Calligraphy
5 Doppelter ABSTRICH
6 Lettering in weiß
7 Schmuck-elemente
8 Mixed Media
9 Lettern mit dem Pinsel
10 Bounce Lettering

Aufwärmübungen

Bevor du startest, solltest du deine Muskulatur wieder etwas aufwärmen. Nutze dafür dein ausgewähltes, farbiges Papier und einen weißen Brush Pen. Du wirst merken, dass sich dieser Brush Pen auf dem farbigen Malgrund ganz anders „anfühlt" als der, den du bisher verwendest hast.

Ich empfehle dir, die Übungen aus der Übungseinheit 3 zu machen, da du wieder mit einem Brush Pen arbeitest.

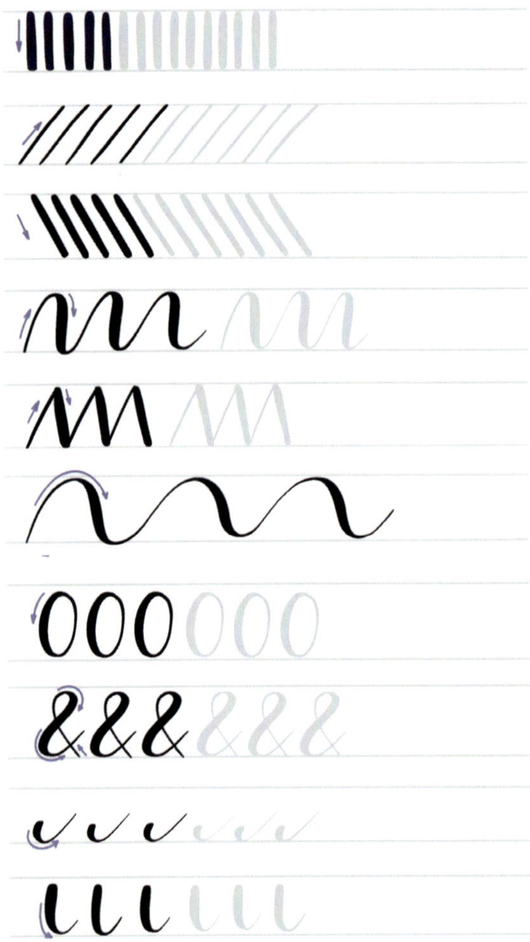

Vielleicht wirst du beim Üben mit dem weißen Brush Pen merken, dass er nicht so gut deckt wie du es von deinen anderen Pinselstiften gewohnt bist. Das liegt daran, dass er mit weißer Tusche gefüllt ist, die, damit sie über die Pinselspitze fließen kann, verdünnt werden muss. Male die Linien einfach noch einmal nach.

Umrande deine Buchstaben und Formen zusätzlich mit einem schwarzen Fineliner. Ein Beispiel siehst du auf der gegenüberliegenden Seite. Die Outline unterstützt die Lesbarkeit und bietet dir eine schöne Möglichkeit, zum Beispiel einen zusätzlichen Schatten anzubringen.

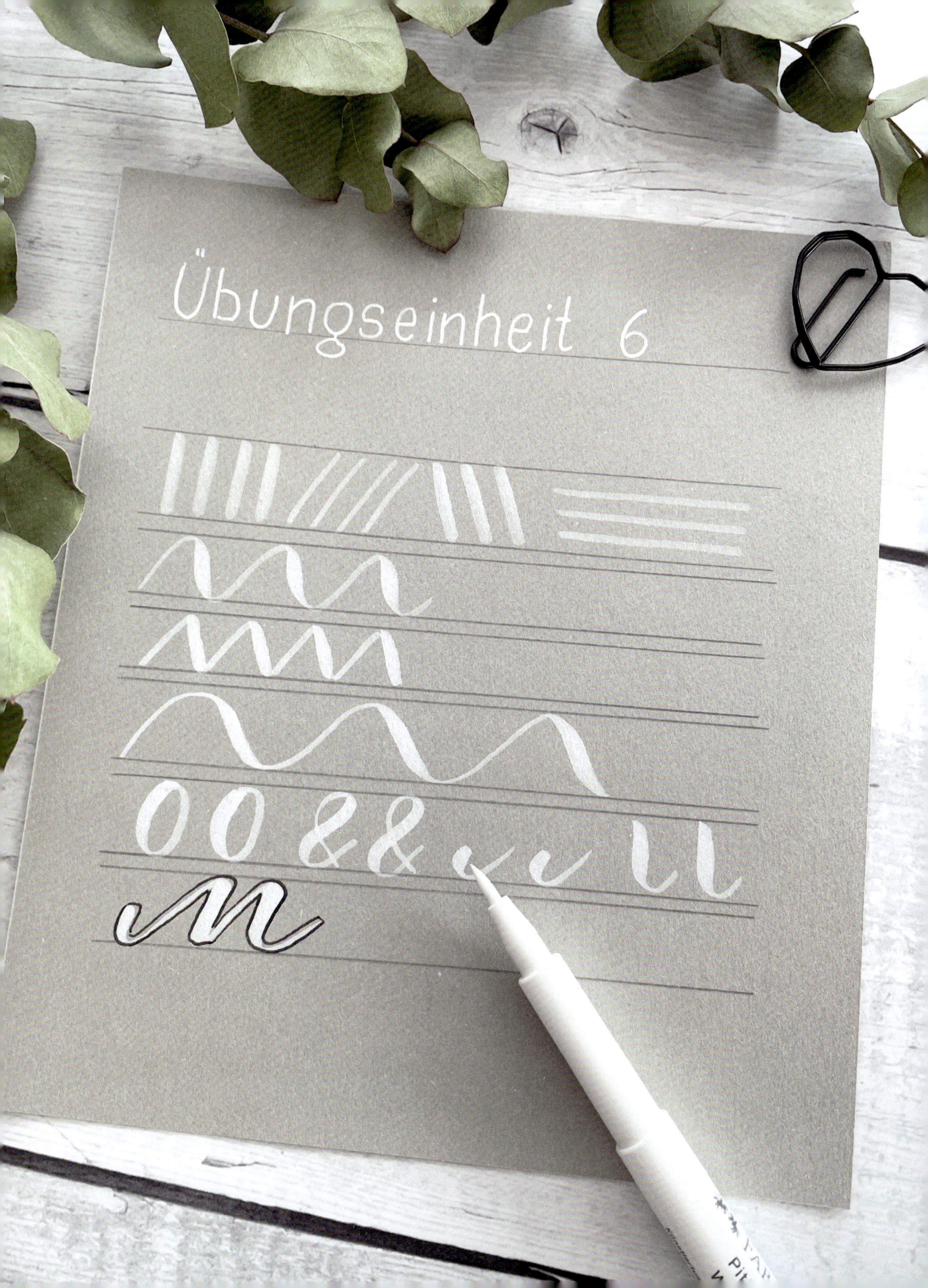
Übungseinheit 6

Das Zusammenspiel von farbigem Papier und Stiften

Auch wenn Farben auf weißem Papier ihre größte Leuchtkraft entfalten, macht es großen Spaß, deine Projekte auch auf farbigem Papier umzusetzen. Ganz wichtig: Ich empfehle dir, auf jedem farbigen Papier, das du nutzen möchtest, zuerst einen Stiftetest durchzuführen. Male dafür mit deinen Stiften einige Linien oder Schwünge auf ein Testblatt. Anschließend kannst du entscheiden, welches Papier mit welchem Stift harmoniert. Achte bitte darauf, dass das Papier schön glatt ist, damit deine Brush Pens nicht unter der rauen Oberfläche leiden.

Ich nutze sehr gern die farbigen Papiere von Hahnemühle aus der Cappuccino- und Grey-Serie. Aber du findest auch eine Vielzahl anderer schöner Papierfarben in toller Qualität auf dem Markt.

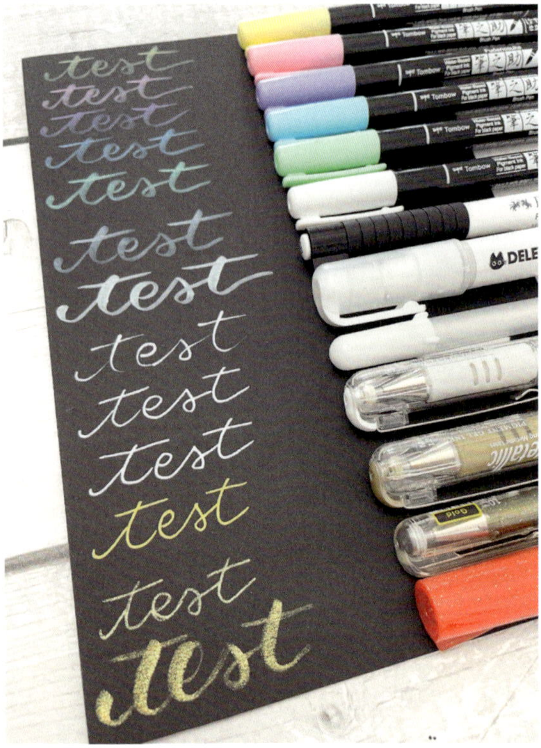

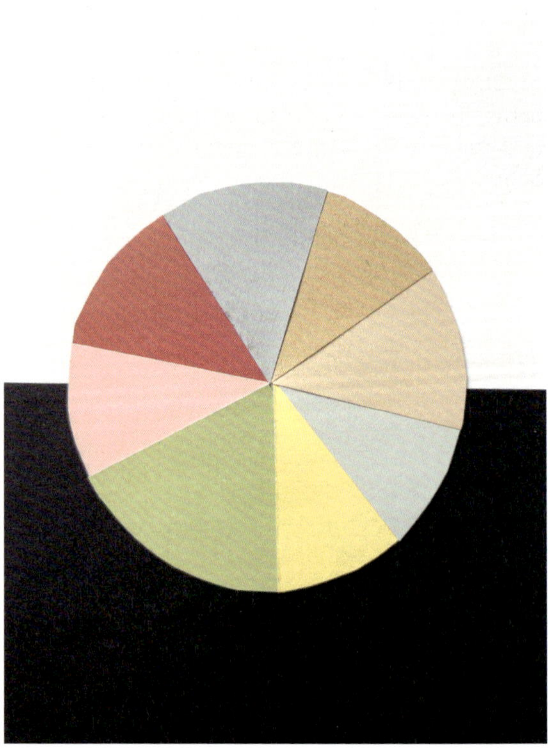

Buchstaben mit Schatten

Ich liebe es, in meinen Letterings Schatten an Buchstaben einzubauen. Sie erzeugen einen 3D-Effekt, der sehr spannend aussehen kann. Wie das funktioniert, zeige ich dir hier.

Zuerst einmal solltest du dir klarmachen, woher das Licht kommt, das auf deine Buchstaben fällt. Davon hängt es nämlich ab, wo sich der Schatten befindet.

Licht von links oben

Im ersten Beispiel fällt das Licht von der linken oberen Hälfte deines Blatts auf deine Buchstaben. Die Buchstaben werfen ihren Schatten an der gegenüberliegenden Seite und nach unten. Folglich haben in diesem Fall alle Linien auf der rechten und der unteren Seite des Buchstabens einen Schatten.

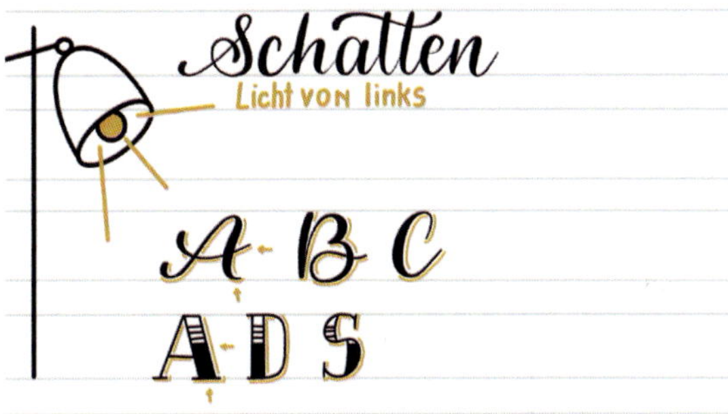

Licht von rechts oben

Nun „stellen wir" unsere Lichtquelle auf die andere Seite unseres Blatts. Du wirst feststellen, dass der Schatten nun an allen Linien auf der linken und unteren Seite liegt.

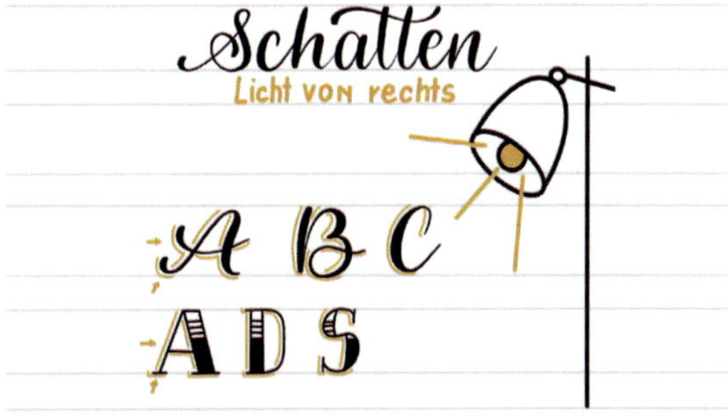

Licht von oben

Scheint das Licht von oben auf deine Buchstaben herab, dann werfen nur die unteren Buchstabenkanten einen Schatten.

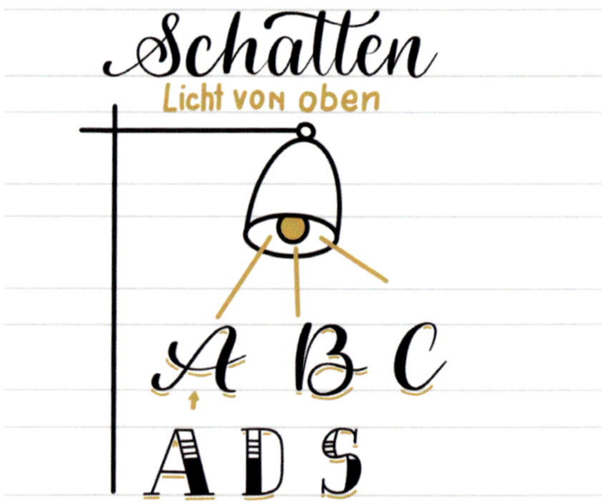

Tipp

Egal, für welchen Schatten du dich am Ende entscheidest – bleibe innerhalb deines gesamten Projekts dabei. Ein Hin- und Herwechseln ist für unser Auge verwirrend.

Ich nutze fast ausschließlich den Schatten, bei dem meine Lichtquelle auf der linken, oberen Seite liegt. Ich habe mich an diese Linien gewöhnt und muss nicht mehr so viel überlegen.

Schattenbeispiele

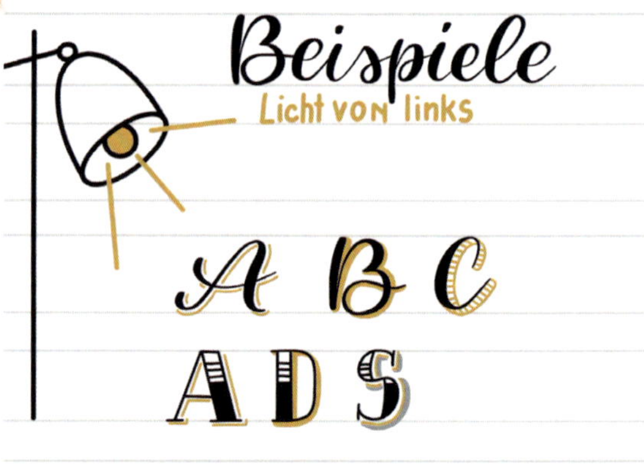

Statt deinen Schatten mit einer einzelnen Linie und einem kleinen Abstand anzubringen, könntest du auch einen Brush Pen verwenden und damit den Schatten direkt an der rechten und unteren Buchstabenseite anbringen. Das nutze ich sehr gern, wenn ich mit einem weißen Brush Pen gestalte und das Wort vorher mit einem Fineliner umrande. Oder du gestaltest den Zwischenraum zwischen Buchstaben- und Schattenlinie, um diese mit einem Muster zu füllen.

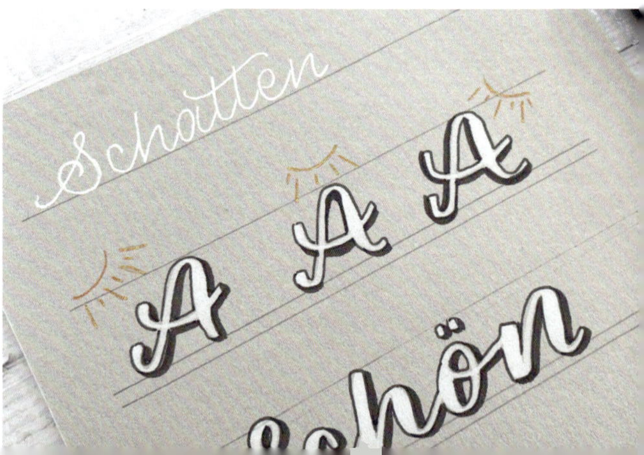

noch eine Schattentechnik

Mit dieser Technik erzeugst du einen interessanten Negativeffekt. Zeichne zuerst ein komplettes Wort mit dem Bleistift. Ziehe nun mit einem farbigen Fineliner alle Schattenlinien mit etwas Abstand zu den Linien deines Buchstabens. Ist alles gut getrocknet, radierst du die Bleistiftlinien weg – es bleiben nur die Schattenlinien übrig. Voilà: Du kannst das Wort dennoch lesen. Ich bin jedes Mal begeistert, wenn ich es am Ende sehe.

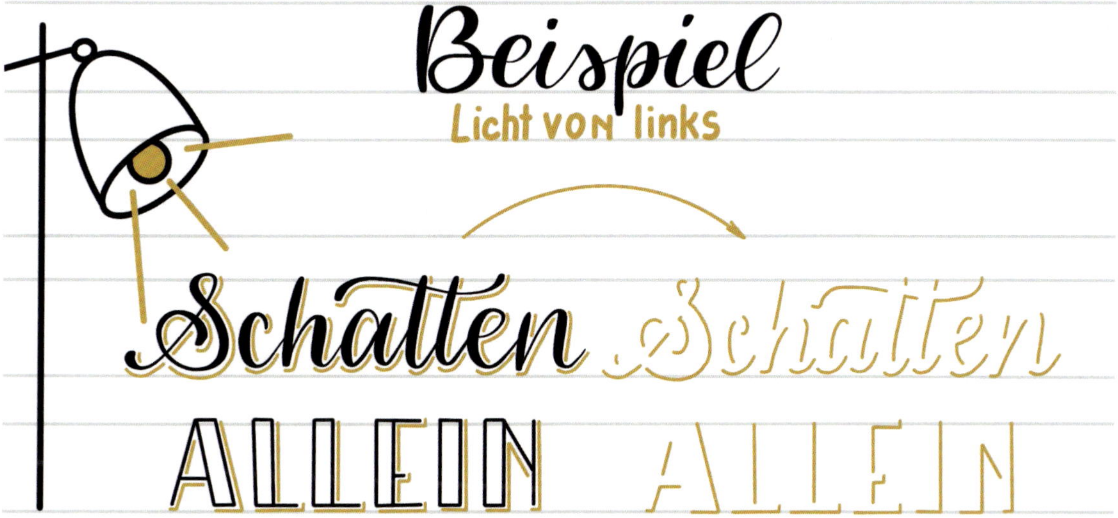

Mein Brush-Lettering-Alphabet mit Schatten

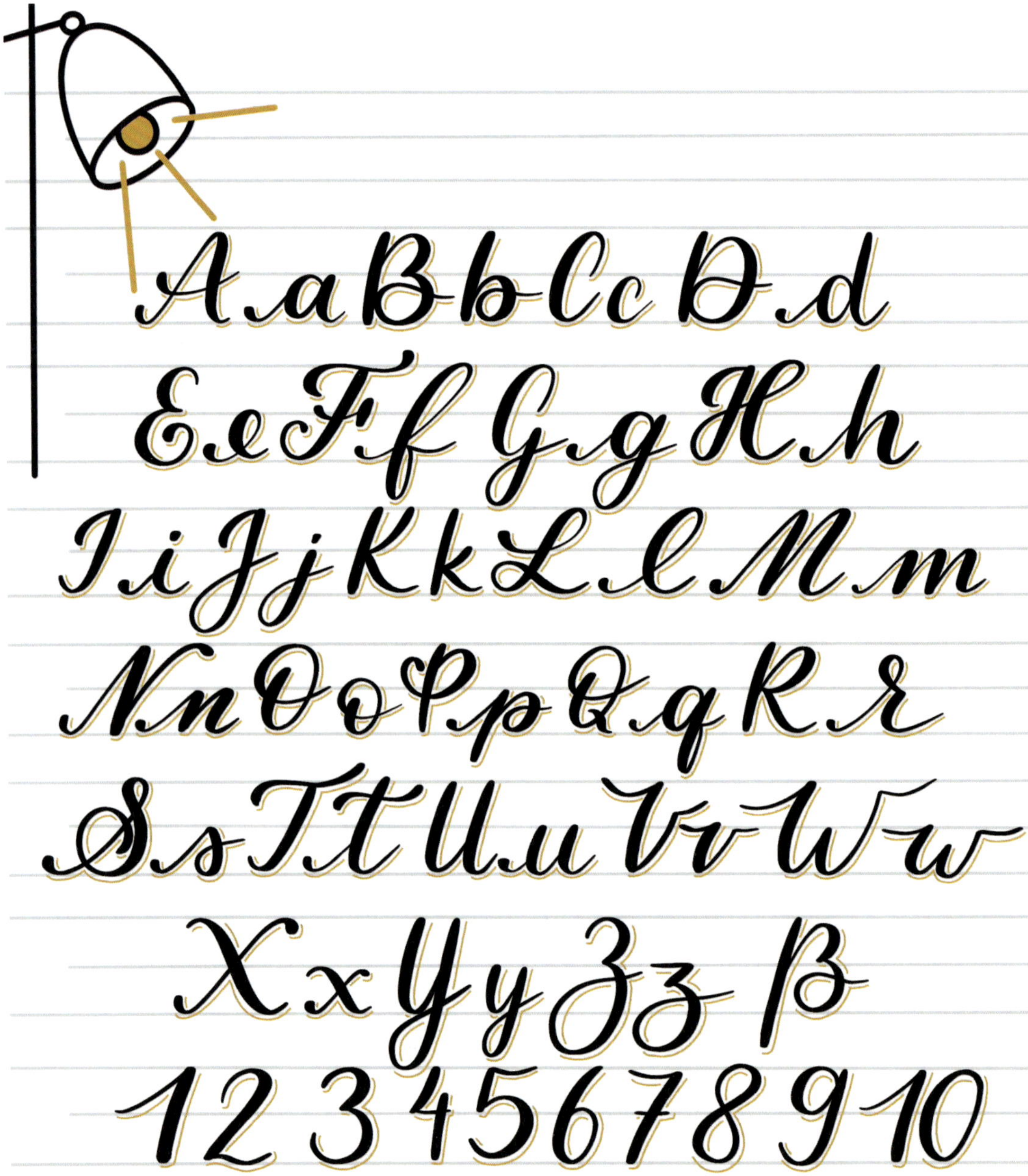

Mein Druckbuchstaben-Alphabet mit Schatten

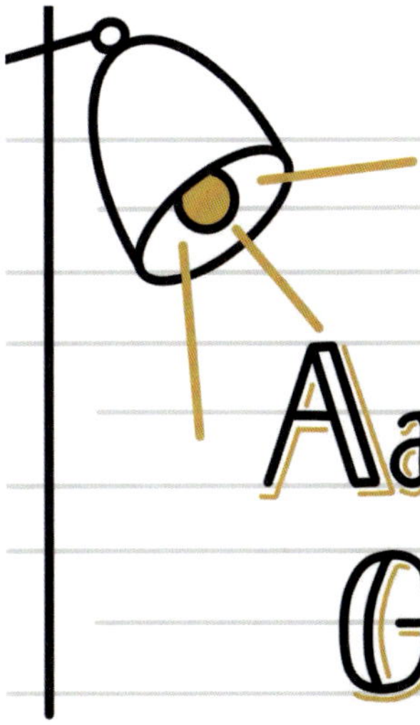

Aa Bb Cc Dd Ee Ff
Gg Hh Ii Jj Kk Ll
Mm Nn Oo Pp Qq
Rr Ss Tt Uu Vv
Ww Xx Yy Zz ß
1 2 3 4 5 6 7 8 9 10

Projekt

Ein schönes Projekt für den Muttertag, Geburtstage oder andere Gelegenheiten.

1 Ziehe mit Bleistift und Lineal Linien auf einem schwarzen Tonpapier vor. Schreibe anschließend mit Bleistift „Mama „in die obere Zeile. Achte darauf, die Buchstaben möglichst groß auszuformen. Setze dann, ausgehend von einer Lichtquelle links oben, mit einem weißen Brush Pen den Schatten.

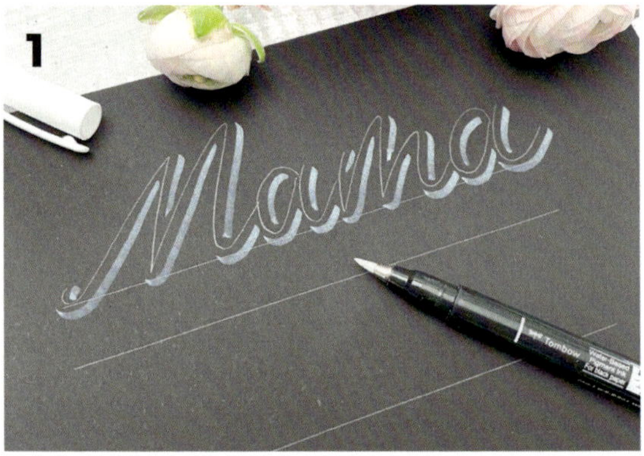

2 Zeichne nun das Wort „Beste“ mit einem Bleistift vor und baue auch gleich kleine Herzchen als Verzierung mit ein. Male den Zwischenraum der Buchstaben mit doppeltem Abstrich und einem pastellfarbenen Brush Pen aus. Umfahre die Outlines der Buchstaben und die Herzchen mit einem weißen Gelstift.

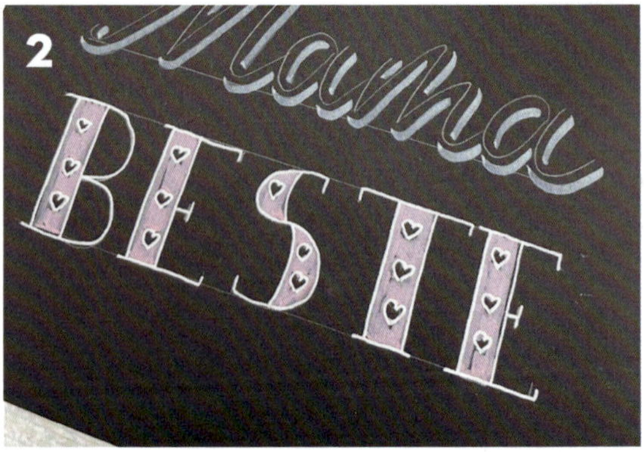

3 Schreibe die noch fehlenden Wörter mit Hilfe einer Letteringschablone in einfachen, großen Druckbuchstaben in den noch vorhandenen Zwischenraum.

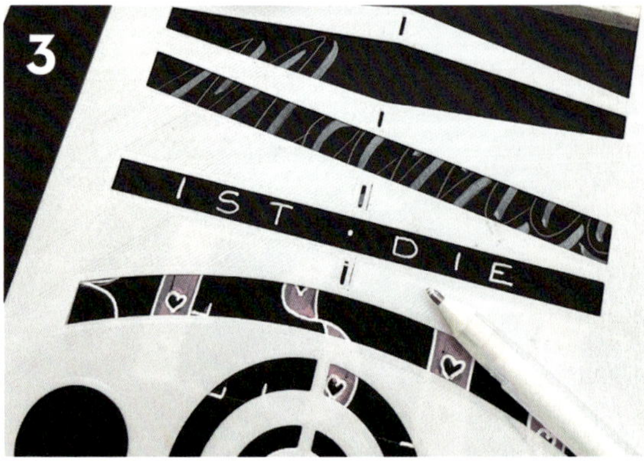

4 Ist alles gut getrocknet, radierst du alle Bleistiftlinien weg. Der Clou ist, dass von „Mama“ nur noch der Schatten stehen bleibt.

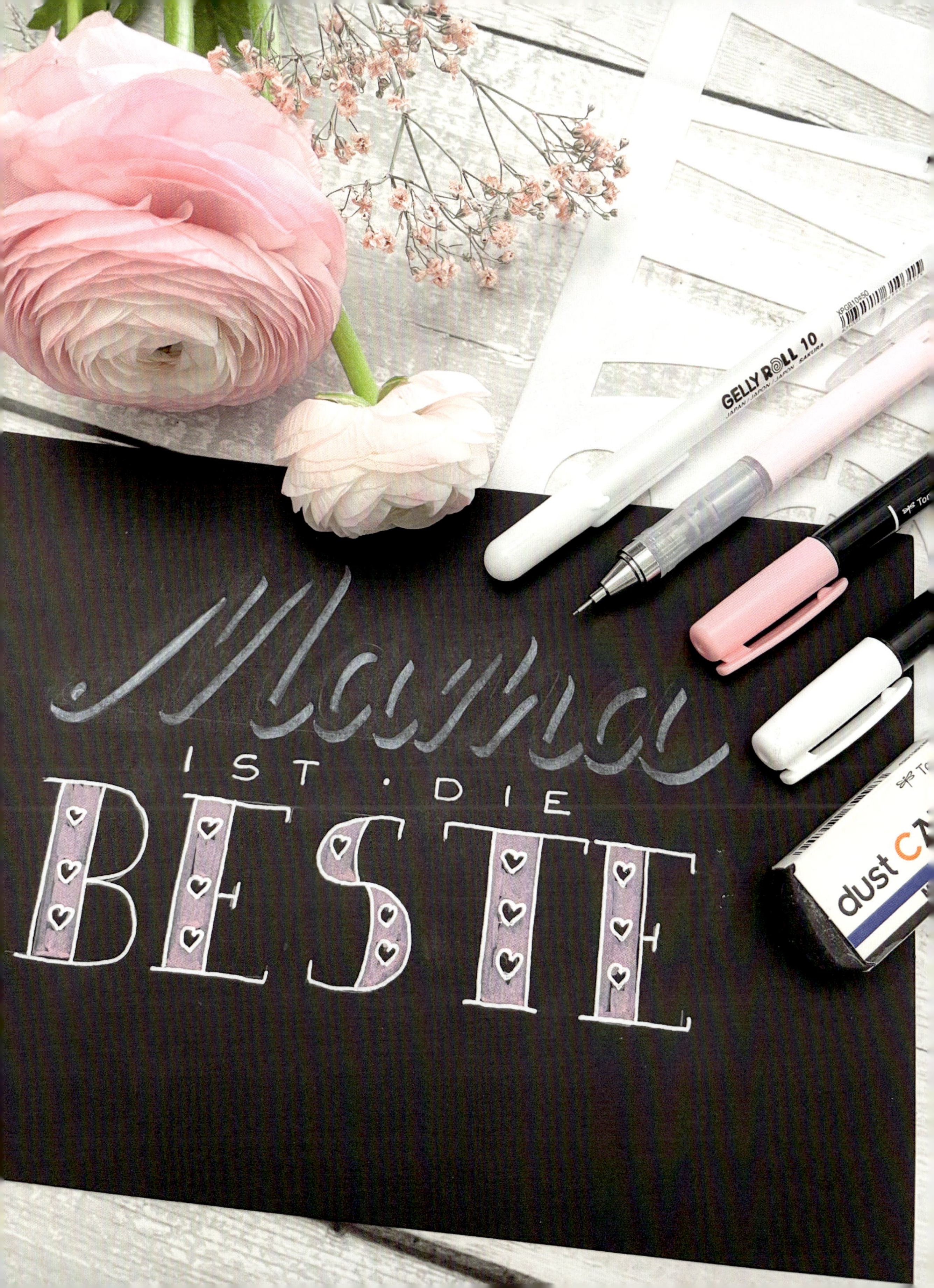
Mama
IST DIE
BESTE
GELLY ROLL 10
dust

Übungseinheit 7

Schmuckelemente

Schmuckelemente wie zum Beispiel Banner, florale Dekorationen und auch Doodles kommen überall da zum Einsatz, wo zu viel Weißraum zwischen oder an den Worten das Auge stört.

Ich nutze sie auch sehr gern, um die Aussage der Botschaft zu unterstützen. In dieser Einheit lernst du eine Auswahl an Elementen kennen und erfährst, wie du sie einbauen kannst.

Material

Für diese Übungseinheit und das Projekt nutze ich folgende Materialien:

Fineliner oder Filzstifte in unterschiedlicher Strichstärke

Schwarzer Fineliner in Strichstärke 0,8, z. B. von Winsor & Newton

Farbiges Papier (Cappuccino) von Hahnemühle

Brush Pens in Gelb, Orange, Grün, z. B. ABT von Tombow

Bleistift

Lineal

Radiergummi

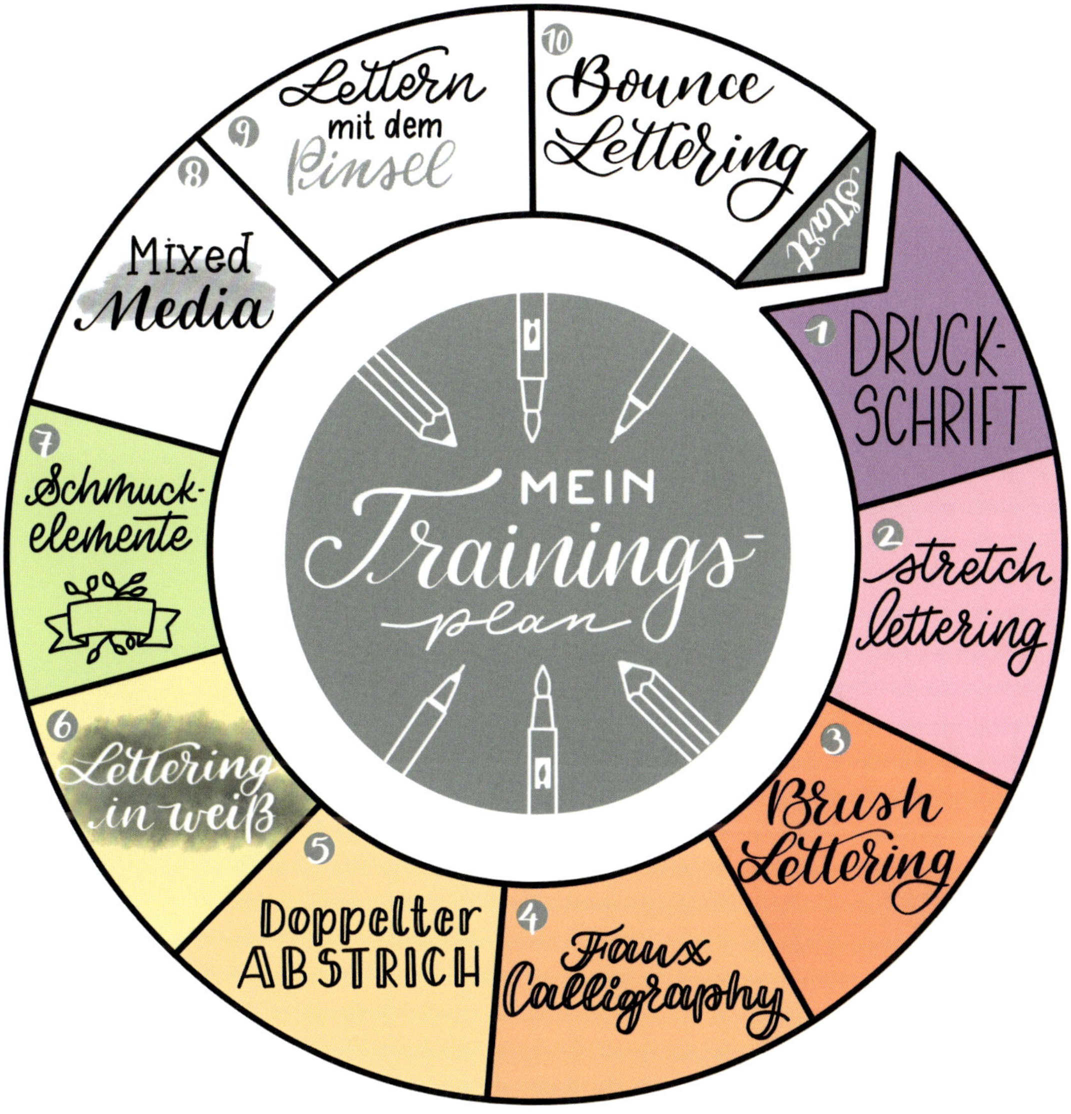
MEIN Trainings-plan
Start
1 DRUCK-SCHRIFT
2 stretch lettering
3 Brush Lettering
4 Faux Calligraphy
5 Doppelter ABSTRICH
6 Lettering in weiß
7 Schmuck-elemente
8 Mixed Media
9 Lettern mit dem Pinsel
10 Bounce Lettering

Aufwärmübungen

Bevor es losgeht, heißt es erst einmal wieder, die Muskulatur aufzuwärmen. Nutze dafür die Aufwärmübung aus Einheit 1. Nachdem du noch einmal gerade Striche geübt hast und das Gefühl hast, dass sie nicht mehr wackelig sind, können wir starten.

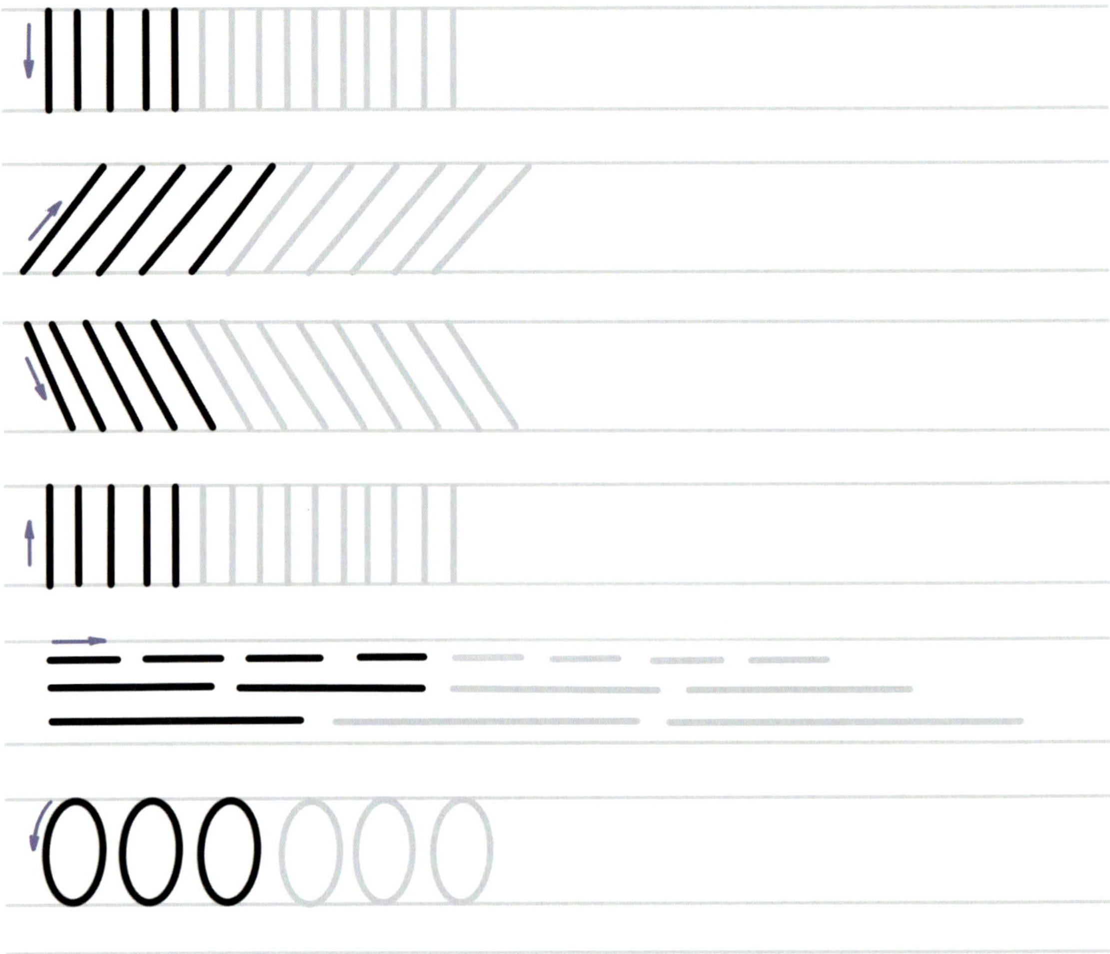

Doodle-Deko

Doodle kommt aus dem Englischen und bedeutet so viel wie „kleine Kritzelei“. Es sind kleine Symbole, Zeichen oder Formen, die dir helfen können, die Aussage des Letterings zu verstärken und ganz nebenbei den Weißraum auszufüllen.

Hier sind meine liebsten Doodle-Elemente:

Tipp

Baue Doodles mit großer Fläche, wie zum Beispiel den Wegweiser, bewusst in dein Lettering mit ein. Hier kannst du ein passendes Wort deines Spruches in den zuvor gezeichneten Wegweiser hineinmalen.

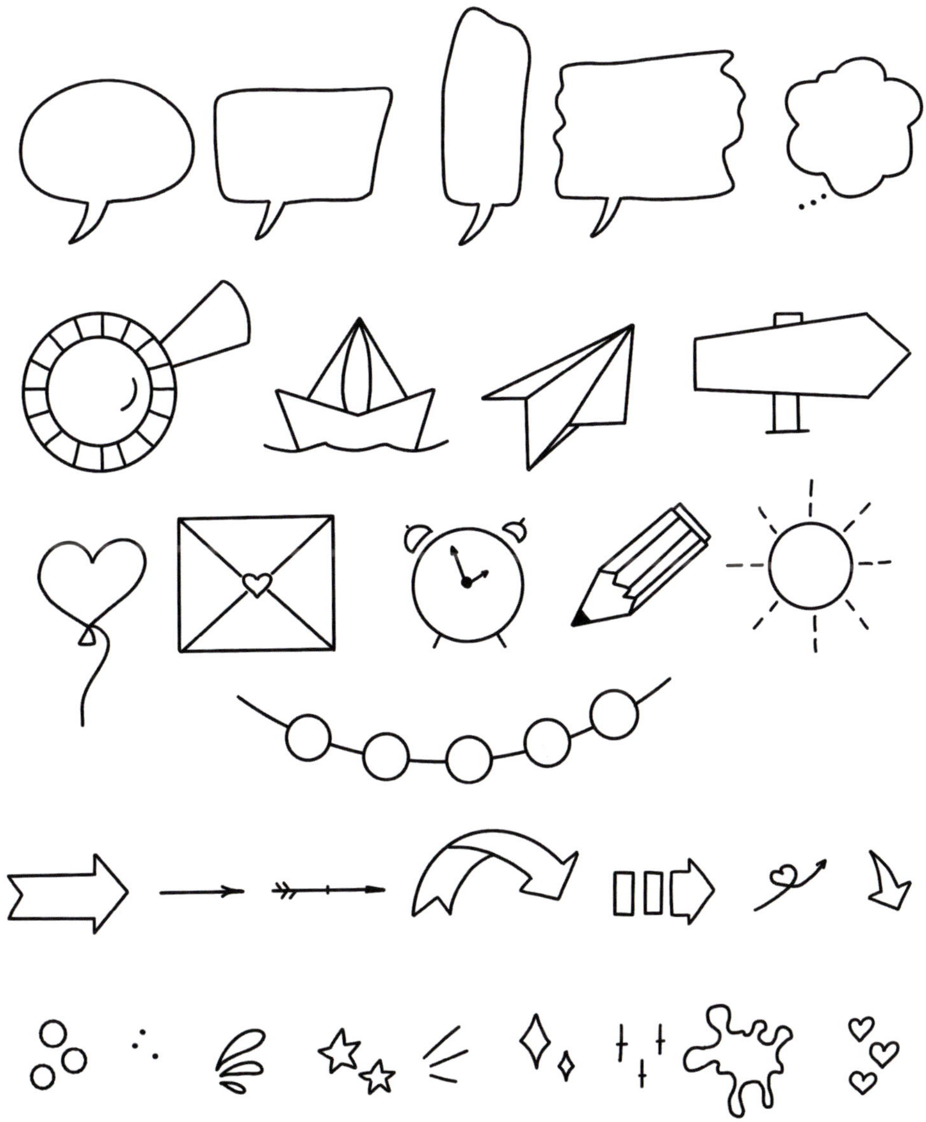

Banner

1

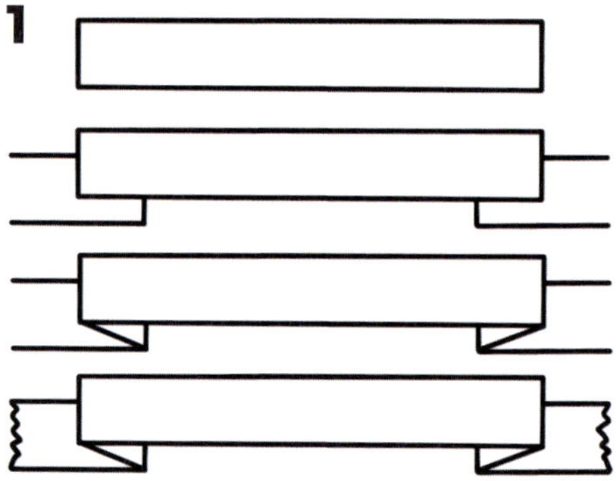

Banner zu zeichnen sieht schwieriger aus, als es ist. Sie sind wie Geschenkbänder, bei denen du die Seiten nach hinten wegklappst. Nimm ruhig einmal ein Geschenkband zur Hand, damit du es dir verdeutlichen kannst.

Hier lernst du nun vier verschiedene Bannerformen Schritt für Schritt kennen.

1 Ist die Hauptform des Banners, wie hier, ein Rechteck, dann sind die „Flügel" ebenfalls gerade.

2 Ist die Hauptform des Banners hingegen gebogen, dann kannst du die „Seitenflügel" ebenfalls gebogen zeichnen. Das wirkt dann, als flatterten sie im Wind.

3 Die Hauptform des dritten Banners verjüngt sich zur Seite hin, dementsprechend werden die „Flügel" auch nach außen hin schmäler.

2

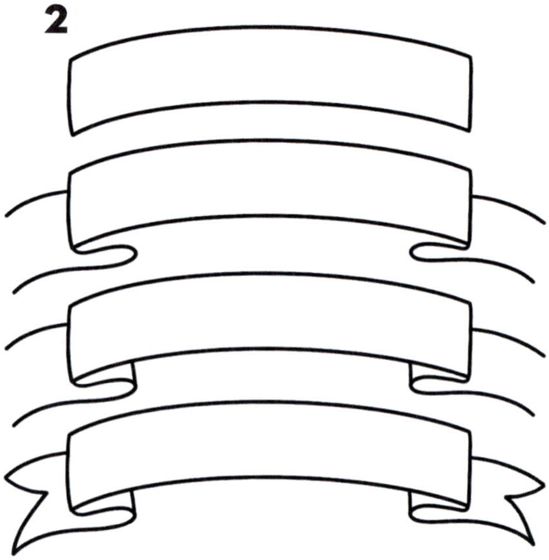

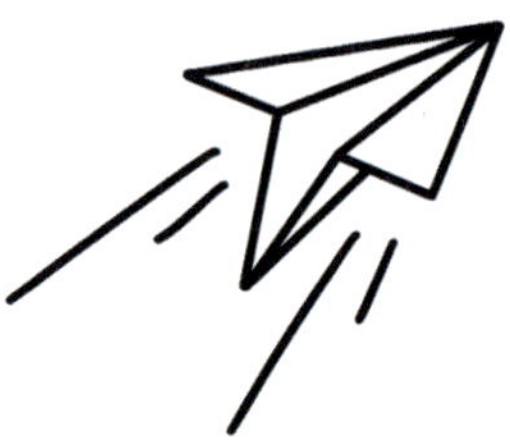

3

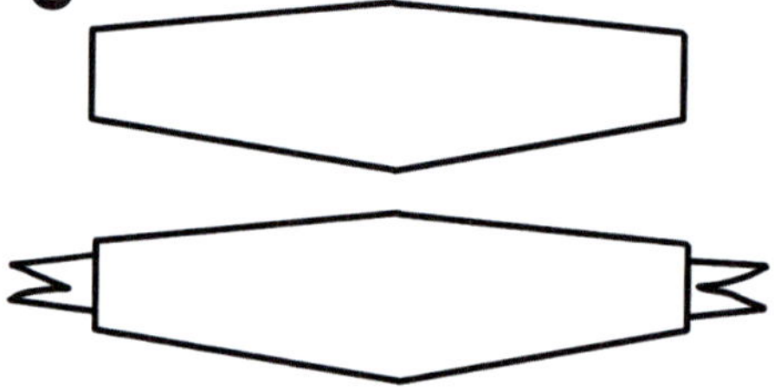

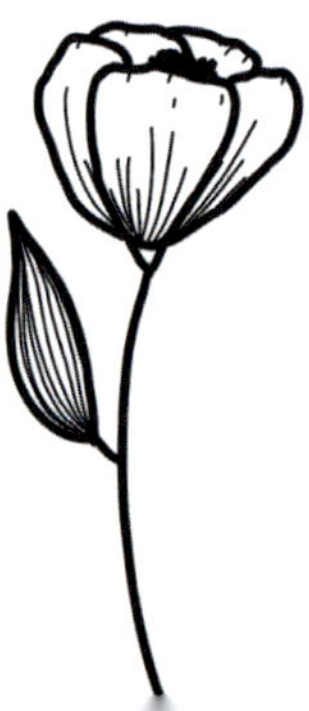

4 Bei diesem Banner liegt die Schwierigkeit darin, dass die nach hinten weggeklappten Bandrückseiten die Breite der im Vordergrund liegenden Hauptform aufgreifen sollten. Im Beispiel ist das mittels der gestrichelten Linie angedeutet. Du kannst für den Anfang einfach mit einem Bleistift die Hilfslinien einzeichnen. Das erfordert etwas Gehirnjogging, aber mit zunehmender Übung brauchst du diese Hilfslinien gar nicht mehr.

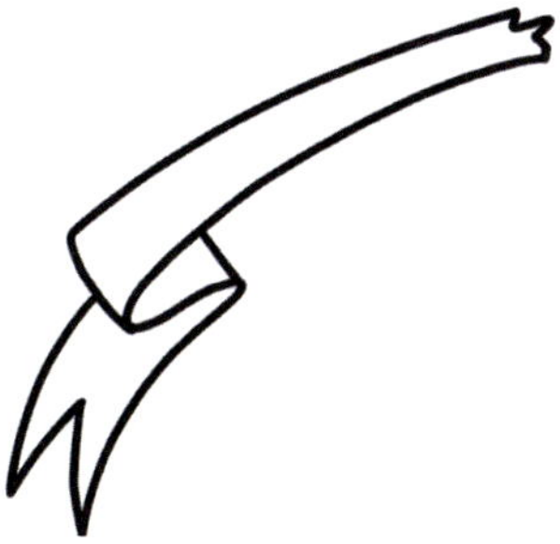

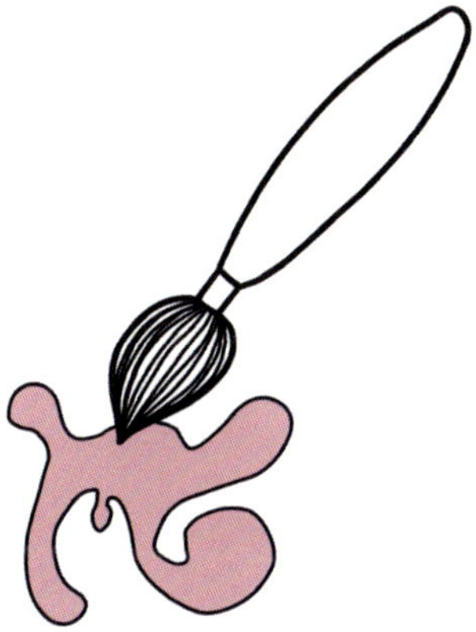

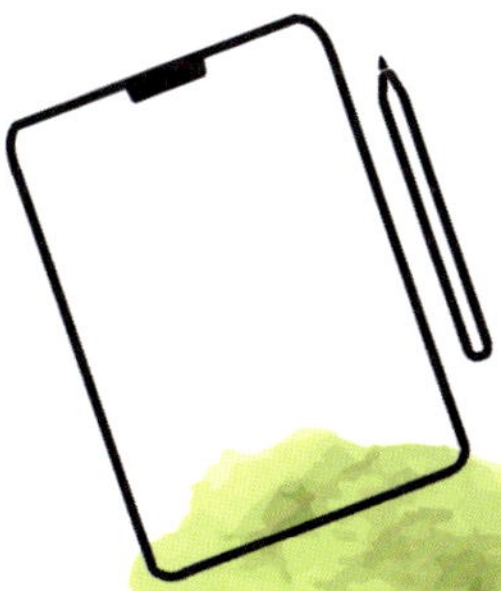

4

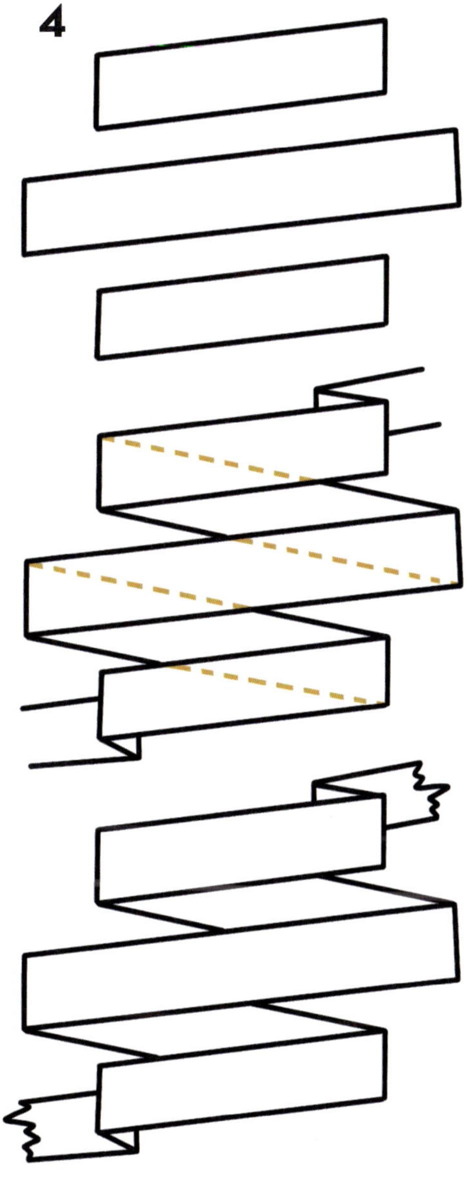

Florale Dekoelemente

Ich gestalte oft Sprüche, in denen es um die Natur oder um Gefühle geht. Da passen florale Dekoelemente supergut dazu. Hier siehst du eine kleine Auswahl – wobei mir natürlich bewusst ist, dass die Natur unendlich viel mehr an Formen und Farben zu bieten hat. Vielleicht hast du Lust, gleich selbst welche zu (er)finden?

Tipp

Ein gestalteter Spruch in einem gezeichneten, floralen Kranz sieht einfach immer hübsch aus. Viele Beispiele zeige ich dir auch auf meinem Instagram Kanal @katja.visualisiert

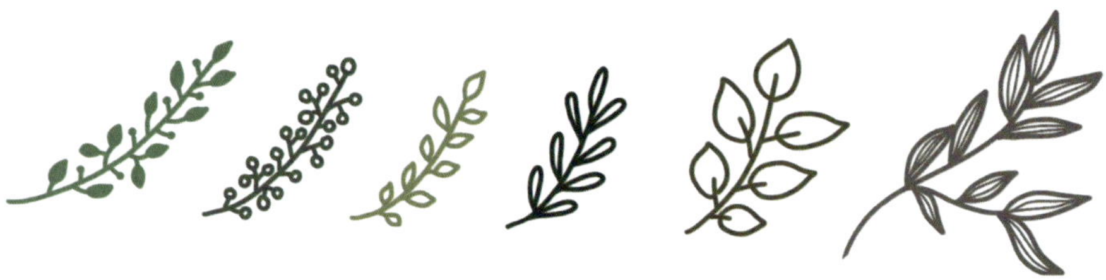

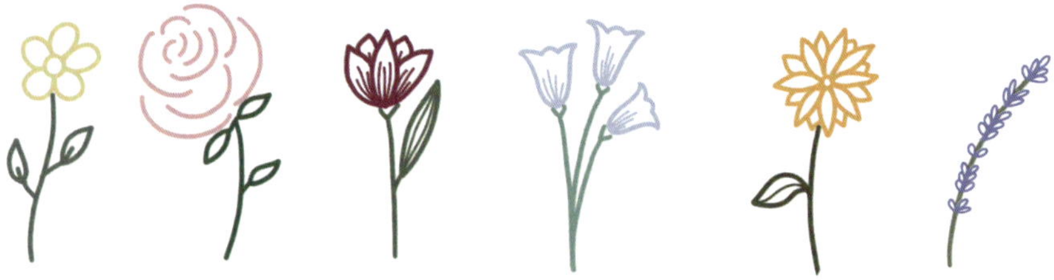

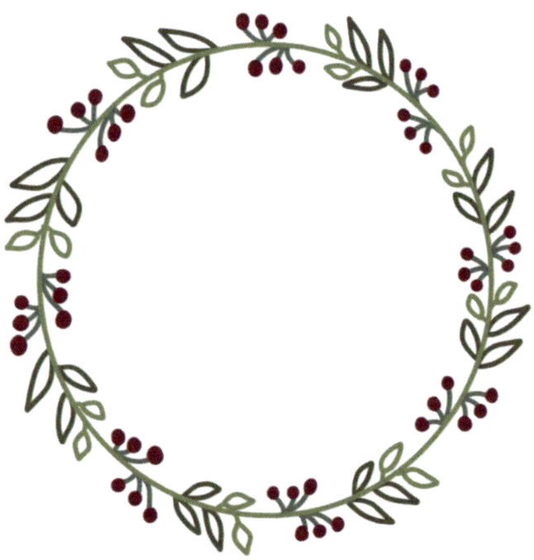

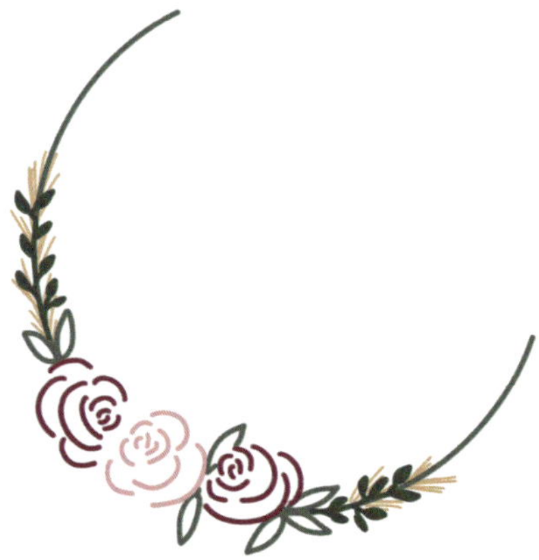

Mein Alphabet mit Schmuckelementen

Auch ein Alphabet lässt sich sehr schön mit floralen Elementen verzieren. Das kann ruhig auch ganz einfach sein, so wie in diesem Beispiel.

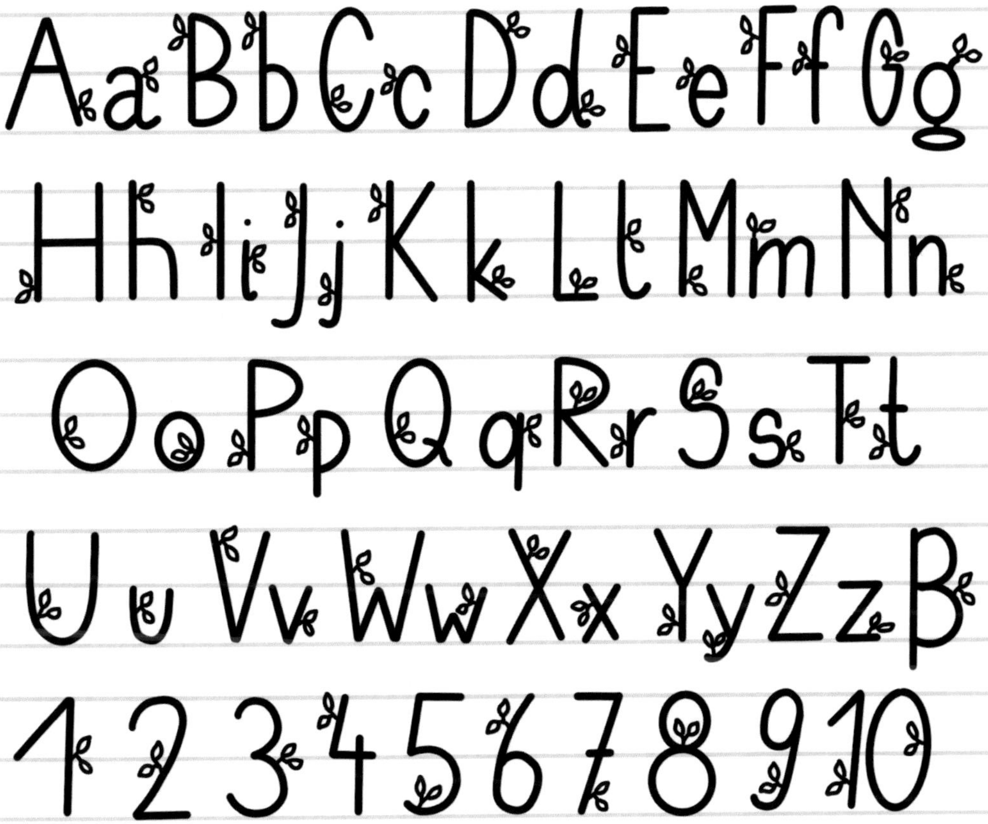

Aufgabe

Übe verschiedene Schmuckelemente und finde deine Favoriten. Suche dir ein Wort und gestalte es floral verziert oder in einem Banner.

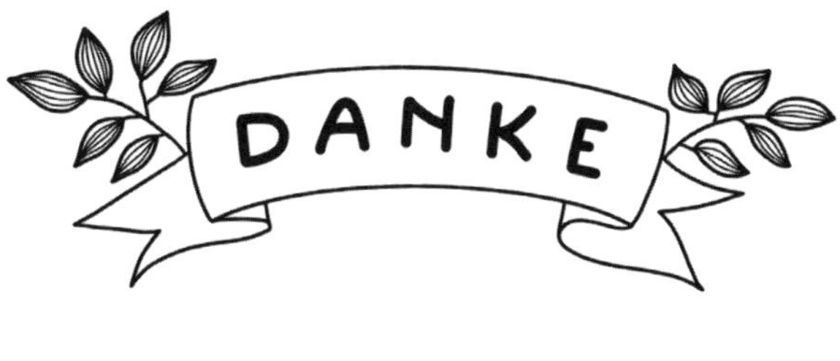

Projekt

Bei diesem Projekt möchte ich dich dazu einladen, den Spruch „Freude macht stark“ von Dietrich Bonhoeffer zu gestalten.

1 Ziehe mit Bleistift und Lineal Hilfslinien auf deinem Papier vor. Gestalte mit einem schwarzen Fineliner das Wort „Freude“ aus Druckbuchstaben mit doppeltem Abstrich. Füge kleine Schmuckelemente an – schau dazu gern noch einmal auf der vorhergehenden Seite das verzierte Alphabet an.

2 Lettere im nächsten Schritt das Wort „Stark“ im Faux-Calligraphy-Stil. Verdoppele hier alle Abstriche.

3 Schreibe zum Schluss das Wort „macht“ in einfacher Druckschrift in den Raum zwischen den beiden Wörtern. Den Weißraum, der durch die Kürze dieses Wortes entsteht, reduzierst du durch Pfeile.

Das Ausmalen ist sehr meditativ!

4 Zum Schluss wird's bunt: Fülle den entstandenen Zwischenraum bei den oberen Buchstaben mit einem Brush Pen in Gelb, bei den unteren Buchstaben mit einem Brush Pen in Orange. Nimm für die kleinen Blätter ein hübsches Grün.

Ist alles gut getrocknet, kannst du die Bleistiftlinien wegradieren.

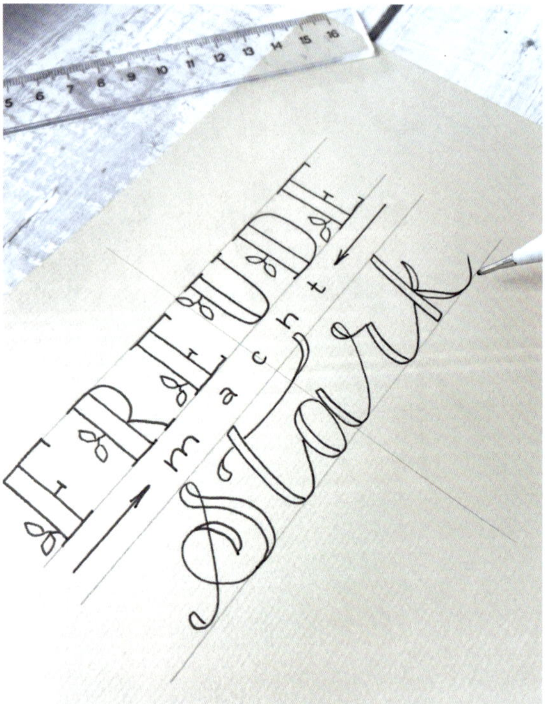

FREUDE
macht
Stark
Tombow ABT
Water-Based

Übungseinheit 8

Mixed Media

Mit Mixed-Media ist eine Technik gemeint, bei der unterschiedliche Medien miteinander kombiniert werden. Das erlaubt unzählige Möglichkeiten des Experimentierens und gibt deiner Kreativität ganz neuen Raum. Du kannst beispielsweise Aquarell mit Papiercollage oder Lettering mit Stempeln zusammenbringen.

Erlaubt ist, was Spaß macht – lass uns starten!

Material

Für diese Übungseinheit und das Projekt nutze ich folgende Materialien:

Mixed-Media-Papier

Schwarze Zeichentusche, z. B. von Winsor & Newton

Pinsel in kleiner Stärke (0 bis 2)

Aquarellfarbe in Rosa und Blau, z. B. Opera Rose und Swalt Blue von Winsor & Newton

schwarzer Permanentliner „Monotwin“ von Tombow

Bleistift

Lineal

Mischpalette

Wasserglas

Noppenfolie

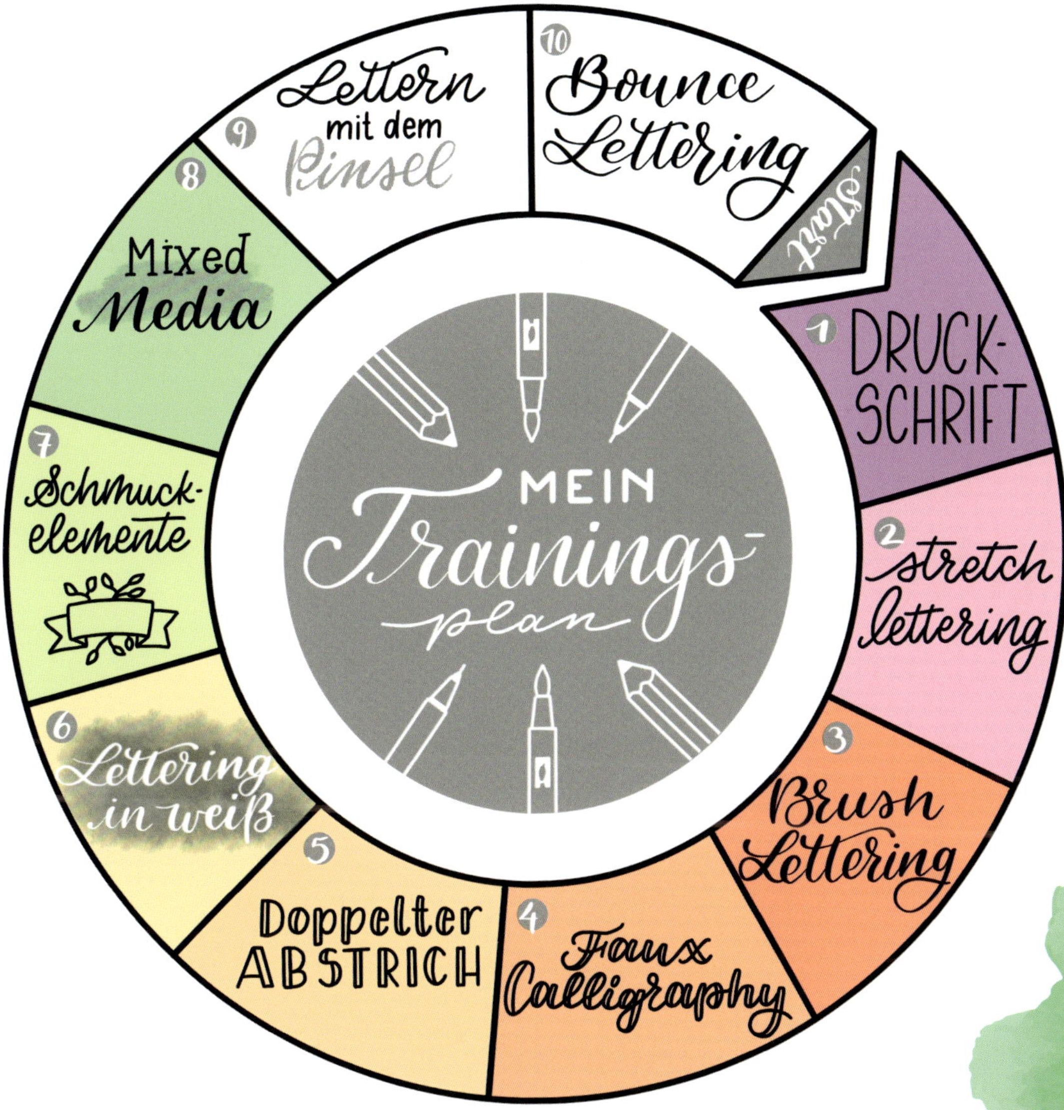
MEIN Trainings-plan
Start
1 DRUCK-SCHRIFT
2 stretch lettering
3 Brush Lettering
4 Faux Calligraphy
5 Doppelter ABSTRICH
6 Lettering in weiß
7 Schmuck-elemente
8 Mixed Media
9 Lettern mit dem Pinsel
10 Bounce Lettering

Aufwärmübungen

Da du heute wahrscheinlich ein neues Medium, den Pinsel, kennenlernst, empfehle ich dir, die Aufwärmübungen zu nutzen, um dich mit seiner Handhabung vertraut zu machen. Ein Pinsel verhält sich ganz anders als etwa die Pinselspitze eines Brush Pens. Nimm am besten einen Pinsel, der eine Größe von 0 bis 2 hat. Durch die kürzeren Pinselhaare „springt" ein kleiner Pinsel besser in seine ursprüngliche Form zurück. Tauche die Pinselspitze in die flüssige Tusche und übe die Linien und Bögen auf Mixed-Media-Papier, bis du dich sicher fühlst.

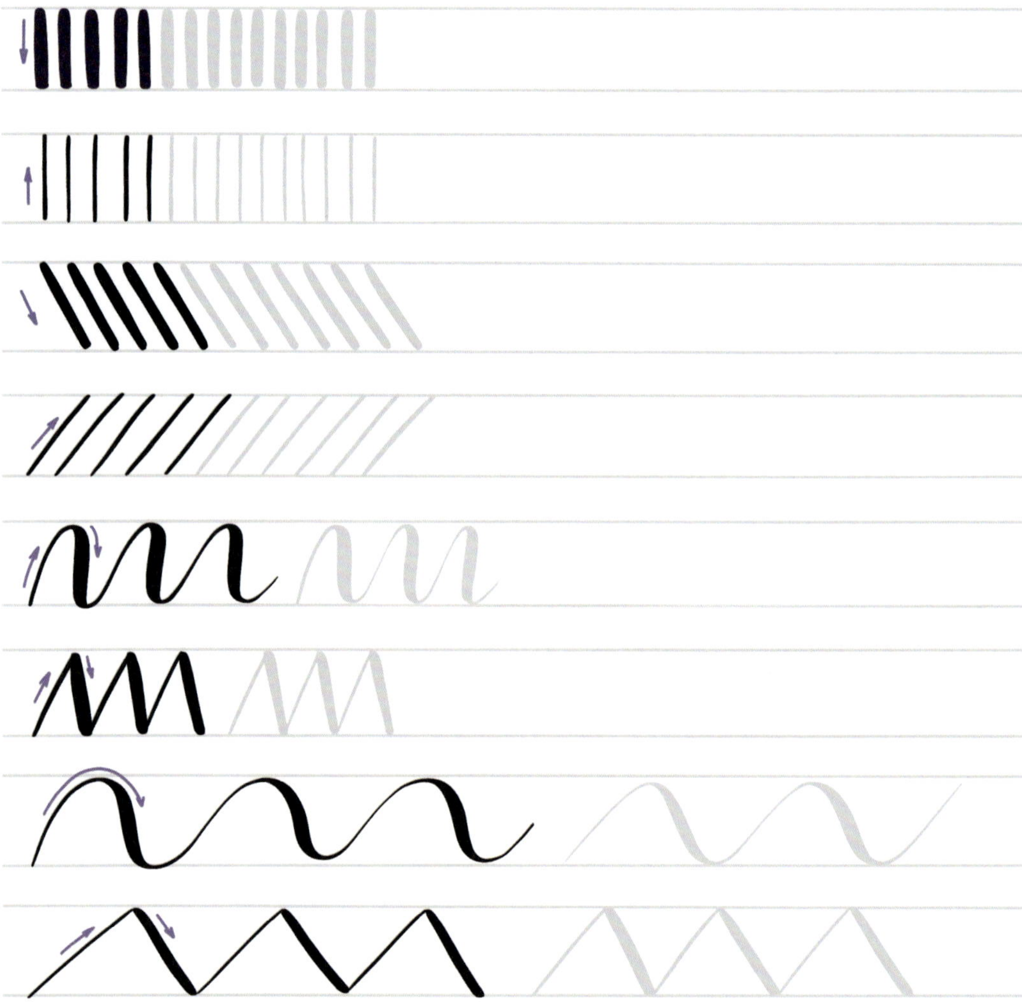

Tipp

Probiere ruhig auch eine andere Pinselgröße aus und finde heraus, mit welchem Pinsel du weitermalen möchtest.

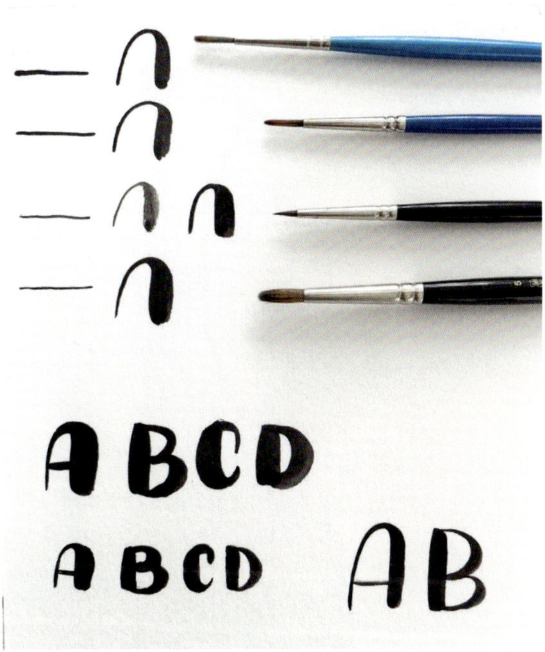

Wenn dein Pinsel nicht mehr so viel Tusche enthält und an den Rändern etwas ausfranst, kann das deiner Arbeit einen sehr besonderen Look verleihen.

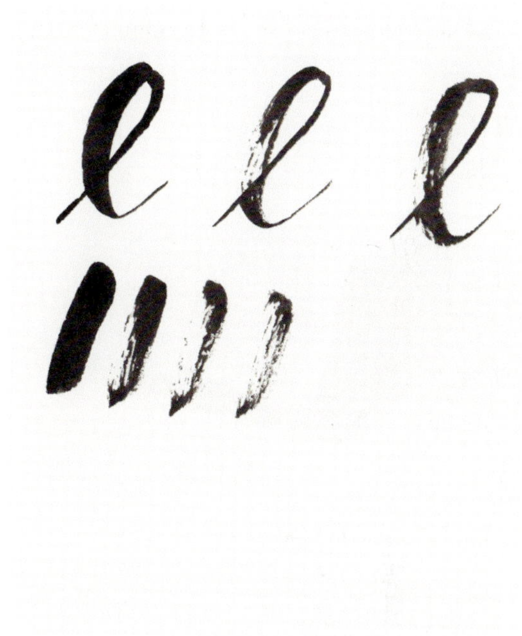

Den Pinsel kennenlernen

Wie beim Gestalten eines Letterings mit dem Brush Pen arbeitest du bei den Abwärtsstrichen mit der breiten Seite des Pinsels und bei den Aufwärtsstrichen nur mit der Pinselspitze.

Da der Pinsel durch seine einzelnen Haare nicht so leicht zu kontrollieren ist, solltest du deine Formen sehr konzentriert und bewusst malen. Natürlich ist das Nachbessern erlaubt.

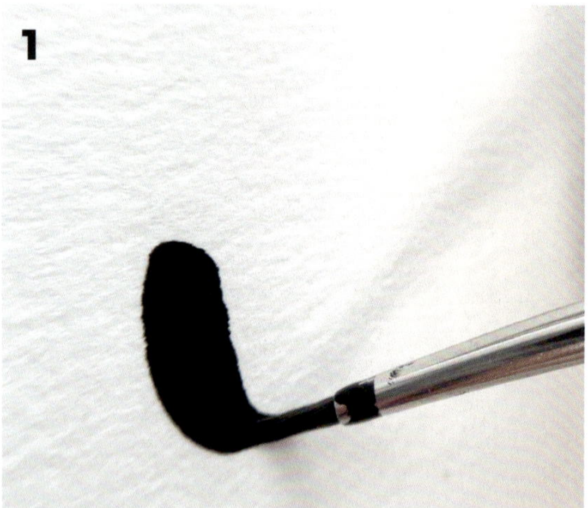

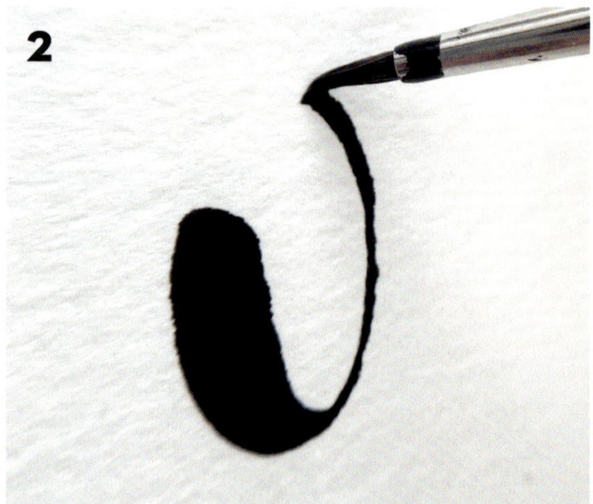

1 Male den Abwärtsstrich des Buchstabens mit der breiten Pinselseite.

2 Wechsle für den Aufwärtsstrich zur Pinselspitze über.

3 Sobald der Aufwärtsstrich einen Bogen beschreibt und wieder in einen Abwärtsstrich übergeht, malst du mit der breiten Seite des Pinsels weiter.

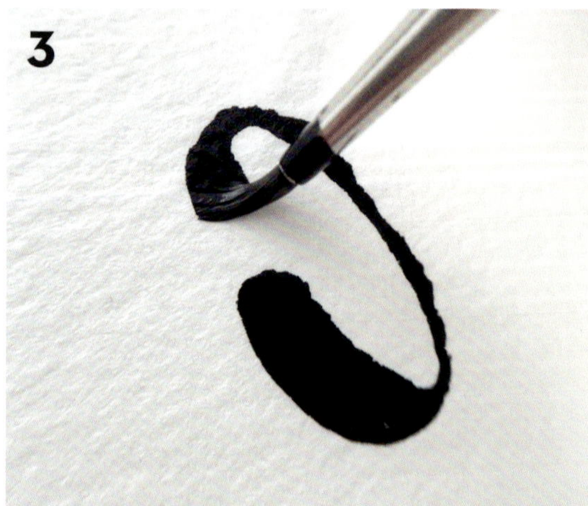

Mein Alphabet mit dem Pinsel

ABCDEFG
HIJKLMNO
PQRSTUV
WXYZ
12345678
9 10

Aufgabe

Übe die einzelnen Buchstaben des Alphabets. Arbeite langsam und konzentriert. So gehen die Bewegungen in das Muskelgedächtnis deiner Hand und Schulter über.

Watercolor-Hintergrund mit Noppenfolie

Wusstest du, dass du mit Aquarellfarben und Noppenfolie wunderschöne Watercolor-Hintergründe für deine Letterings zaubern kannst? Es ist ganz einfach und du kannst dich nach Herzenslust ausprobieren und mit Farbzusammenstellungen experimentieren. Nutze am besten Mixed-Media-Papier. Vielleicht hast du noch ein Stück Noppenfolie zu Hause? Alternativ kannst du auch eine andere Folie nehmen, die sich gut zusammenknüllen lässt.

1 Gib in je eine Vertiefung deiner Mischpalette eine kleine Messerspitze Aquarellfarbe aus der Tube in Rosa und Blau. Verdünne die Pigmente anschließend mit reichlich Wasser. Überprüfe mit einem Pinsel die Deckkraft deiner Mischungen: Die Farben sollten schön transparent sein.

2 Nimm nun die Folie zur Hand, tupfe sie vorsichtig in deine Pigment-Wasser-Mischung und dann auf dein Papier.

Übe mit dieser Technik so lange, bis du das richtige Gefühl dafür bekommen hast und dir die Hintergründe gefallen.

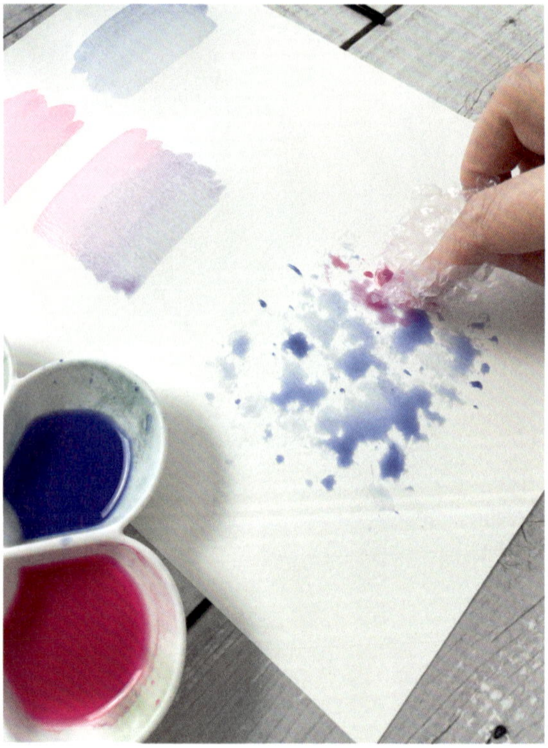

Tipp

Lege dir am besten immer ein Küchenkrepp zurecht. So kannst du unwillkommene Flecken sofort aufwischen und überflüssige Pfützen von deinem Papier aufsaugen.

MEDIUM
professional watercolour
SYNTHETIC

Projekt

Wenn du noch eine Geschenkidee für einen lieben Menschen suchst, liegst du mit diesem irischen Segensspruch immer richtig.

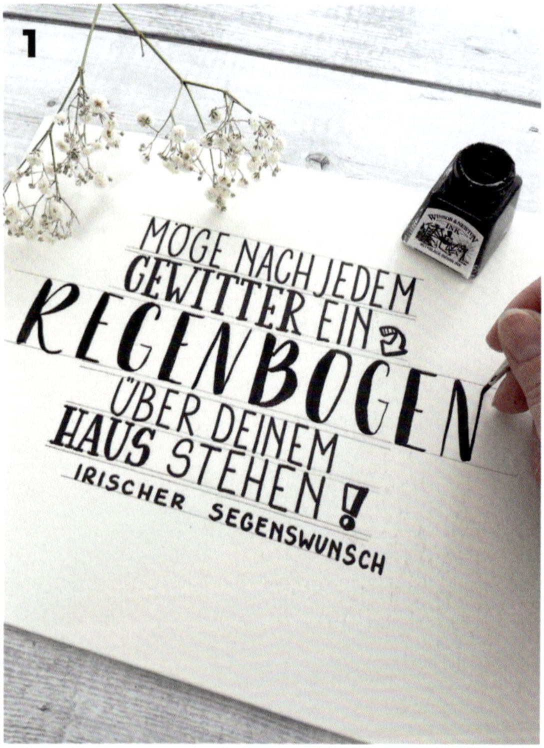

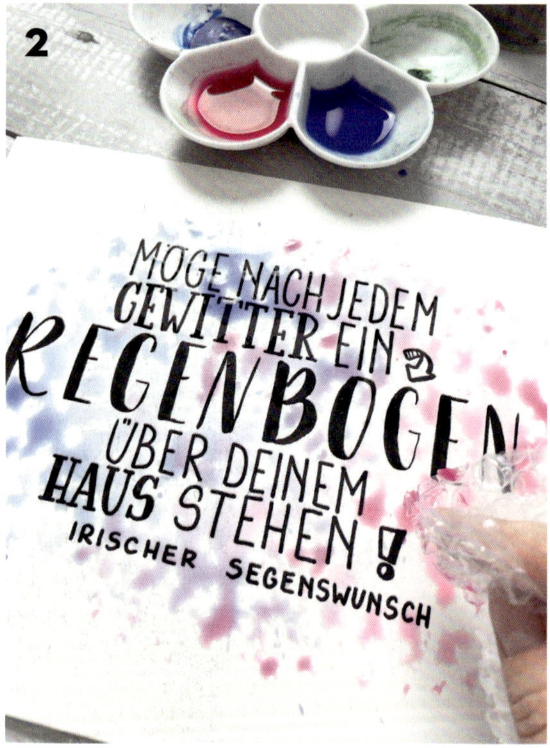

1 Ziehe mit Bleistift und Lineal zur Orientierung Hilfslinien auf deinem Mixed-Media-Papier. Gestalte das Wort „Regenbogen" mit Pinsel und Zeichentusche, für die restlichen Wörter verwendest du den schwarzen Permanentliner.

2 Ist alles gut getrocknet, radierst du die Bleistiftlinien weg. Gestalte nun einen Watercolor-Hintergrund, wie du es bereits geübt hast. Du kannst dieselbe Farbkombination wählen oder dich für andere Farben entscheiden.

Lasse dann alles gut trocknen. Dafür bleibt dein Werk an seinem Platz liegen, damit die Farben nicht ungewollt ineinanderlaufen.

Tipp

Ich nehme im Künstlerbedarfsladen immer gern Passepartout-Reste mit. Sie sind für diese Technik gut geeignet und so stabil, dass du dein Werk in einem schönen Kartenhalter präsentieren kannst.

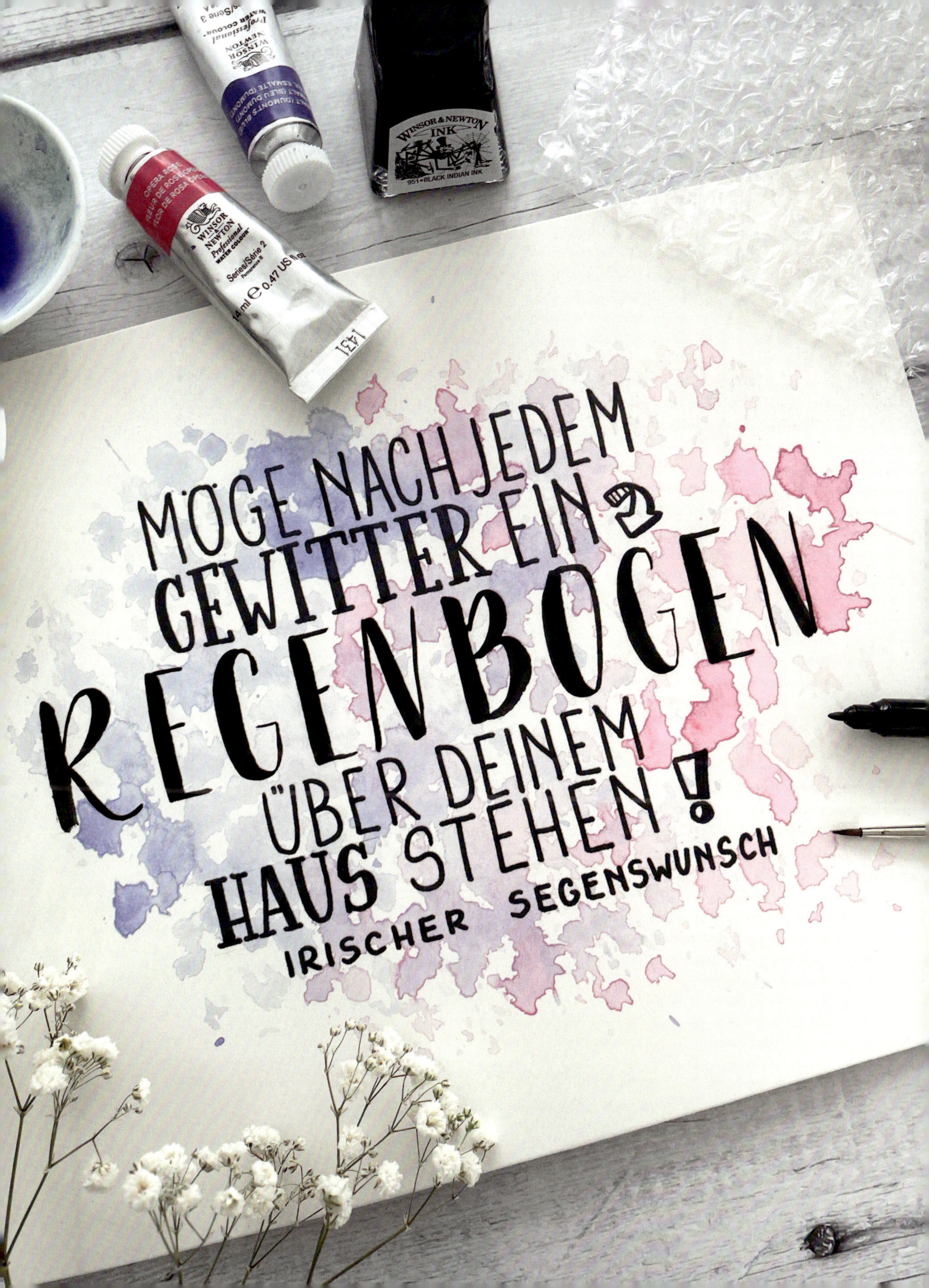
MÖGE NACH JEDEM
GEWITTER EIN
REGENBOGEN
ÜBER DEINEM
HAUS STEHEN!
IRISCHER SEGENSWUNSCH

Übungseinheit 9

Lettern mit dem Pinsel

Mittlerweile bist du mit dem Pinsel bestimmt schon vertrauter. Deshalb erhöhen wir jetzt den Schwierigkeitsgrad etwas und malen die Schriftart aus der Brush-Lettering-Übungseinheit mit dem Pinsel.

Nutze am besten Aquarellfarben in Näpfchen, sie lassen sich gut auf einer Palette mischen und weiterverarbeiten.

Material

Für diese Übungseinheit und das Projekt nutze ich folgende Materialien:

Rundpinsel in Größe 1 und 6

Aquarellfarben im Näpfchen, z. B. von Winsor & Newton

satiniertes Aquarellpapier, z. B. von Winsor & Newton

Farbiges, festes Papier, z. B. Tonkarton

Wasserglas

Mischpalette

Fineliner in Grau und Schwarz in den Stärken 0,1 und 0,3

Stanzform für Anhänger

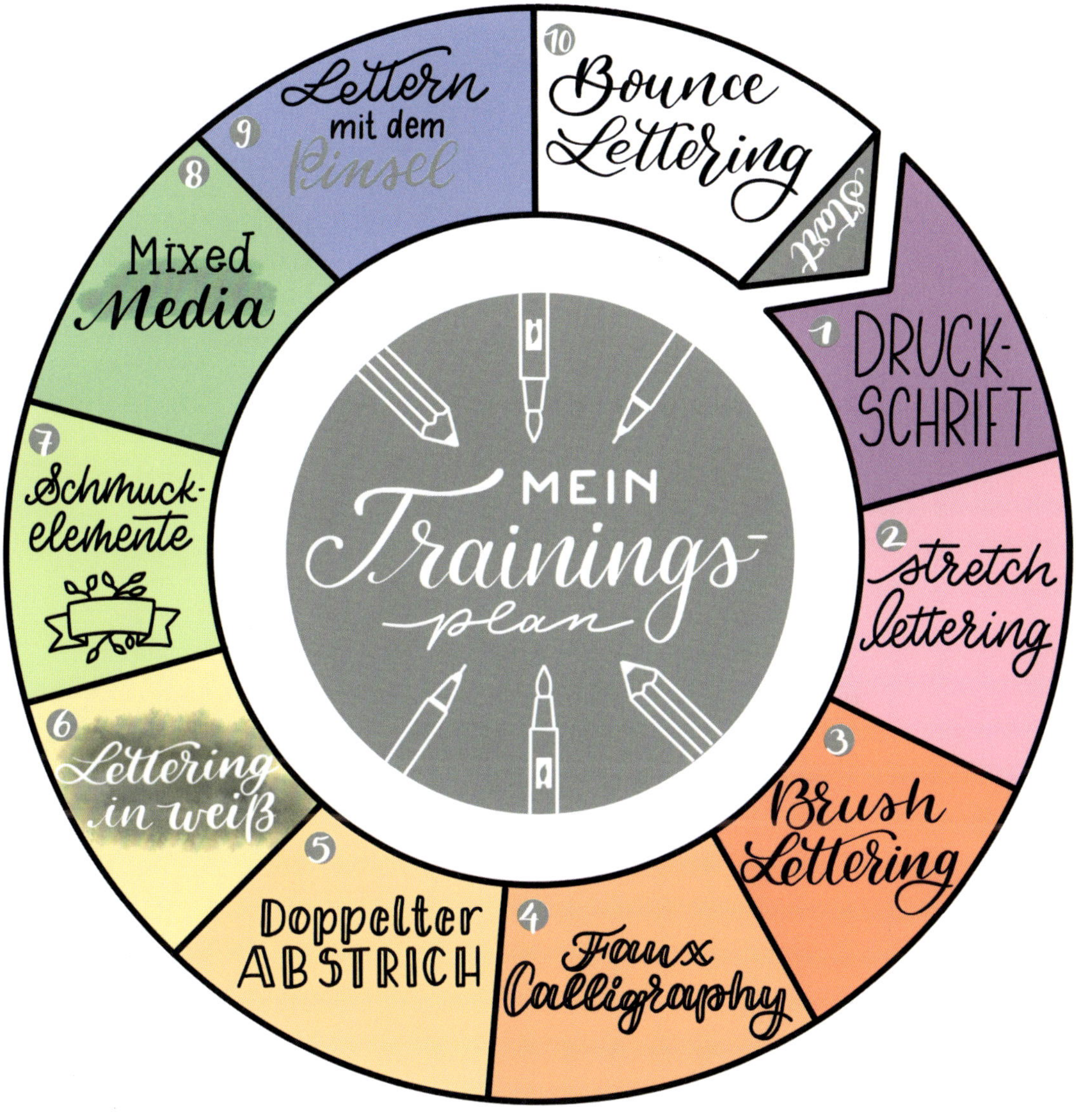
MEIN Trainings-plan
Start
1 DRUCK-SCHRIFT
2 stretch lettering
3 Brush Lettering
4 Faux Calligraphy
5 Doppelter ABSTRICH
6 Lettering in weiß
7 Schmuck-elemente
8 Mixed Media
9 Lettern mit dem Pinsel
10 Bounce Lettering

Aquarellfarben verarbeiten

Aquarellfarben gibt es, wie du sicher weißt, in Näpfchen und Tuben. Für deine Übungen und Projekte empfehle ich dir, Näpfchen-Farben zu wählen, da sie sich leicht und sicher verarbeiten lassen.

Nimm zur Vorbereitung einen etwas größeren Rundpinsel, zum Beispiel in Größe 6, zur Hand, tauche ihn in ein Wasserglas und benetze eine Farbe deiner Wahl im Näpfchen mit etwas Wasser. Warte ein paar Minuten, bis sich die Pigmente anfangen zu lösen. Tupfe nun ein paar Tropfen sauberes Wasser in deine Mischplatte und füge etwas Pigment aus dem Näpfchen dazu. Je mehr Pigment, desto intensiver wird die Farbe. Je mehr Wasser, desto transparenter wird sie. Teste das vorher immer auf einem Stück Aquarellpapier.

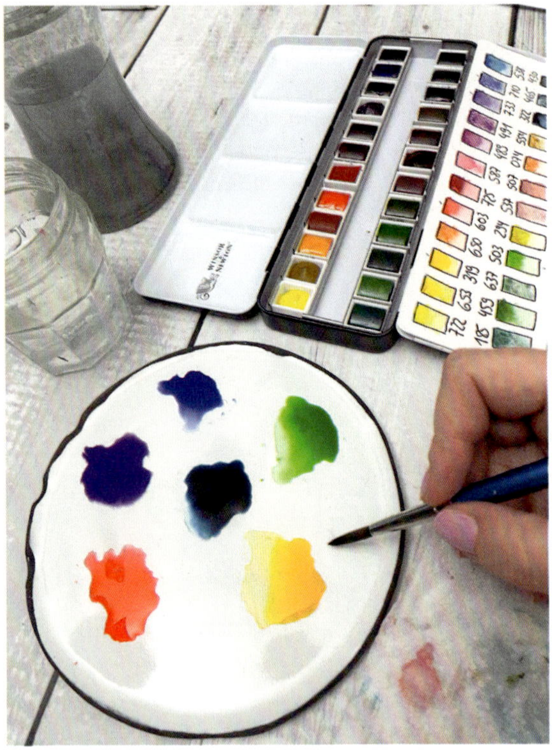

Dein Aquarellpapier

Für Letterings mit dem Pinsel nutze ich sehr gern satiniertes (hot pressed) Aquarellpapier. Da es schön glatt ist, lassen sich die Farben gut verteilen und trocknen sauber an den Rändern. Zudem hat es den Vorteil, sehr stiftfreundlich zu sein, deshalb kannst du zusätzlich zum Pinsel noch Stifte wie Fineliner oder Brush Pens kombinieren.

Tipp

Wasche deine Hände und trockne sie gut ab, bevor du das Aquarellpapier anfasst, denn zum Beispiel Cremereste hinterlassen unsichtbare Spuren auf dem Papier – an diesen Stellen perlt dann später die Farbe ab.

Kleckse und Spritzer

Habe ich ein Lettering fertiggestellt, füge ich gern mit dem Pinsel noch ein paar Kleckse und Spritzer hinzu. Das verleiht dem Lettering einen lebendigen Touch. Dafür ist es wichtig, dass du den Pinsel, nachdem du ihn in deine Farbmischung getaucht hast, noch einmal in ein Wasserglas eintunkst. Halte den Pinsel locker in einer Hand und klopfe ihn vorsichtig über einen Fingerknöchel deiner anderen Hand über dem Papier aus. Je größer der Pinsel ist, desto dicker werden die Spritzer.

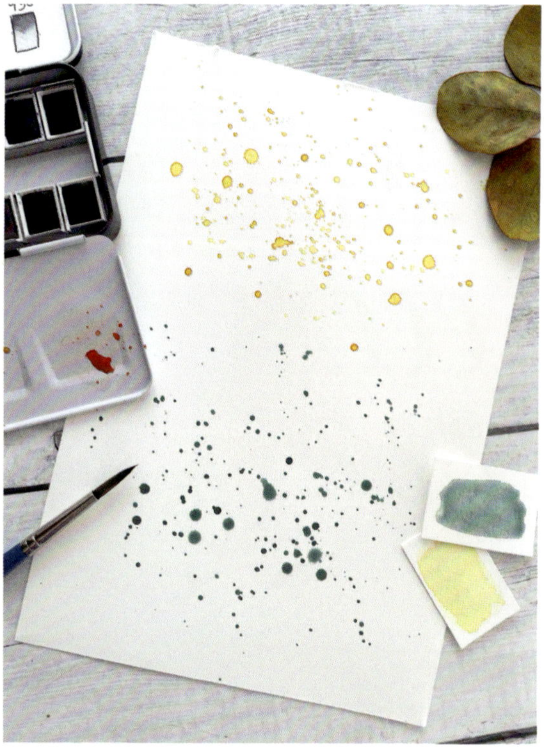

Aufwärmübungen

Aufwärmübungen sind hier sehr wichtig, denn geschwungene Linien mit dem Pinsel zu ziehen, bedarf etwas Übung. Nutze dafür einen kleinen Rundpinsel in einer Größe, die deinen Buchstaben angemessen ist, zum Beispiel in Pinselgröße 1. Wichtig: Lege den Pinselstiel, genau wie den Brush Pen, in die Mulde zwischen Daumen- und Zeigefingerwurzel. Verkrampfe deine Finger beim Üben nicht, mache lieber rechtzeitig eine kleine Pause.

Dehne dazu die Finger, indem du sie ineinander verschränkst und mit der Handfläche nach außen vom Körper wegbewegst.

Im Gegensatz zur Tusche wirst du den Pinsel öfter „nachladen“ müssen, denn das Wasser ist flüchtiger als die dickflüssige Tusche. Verwende kein allzu dünnes Paper zum Üben, gut geeignet ist Mixed-Media-Papier.

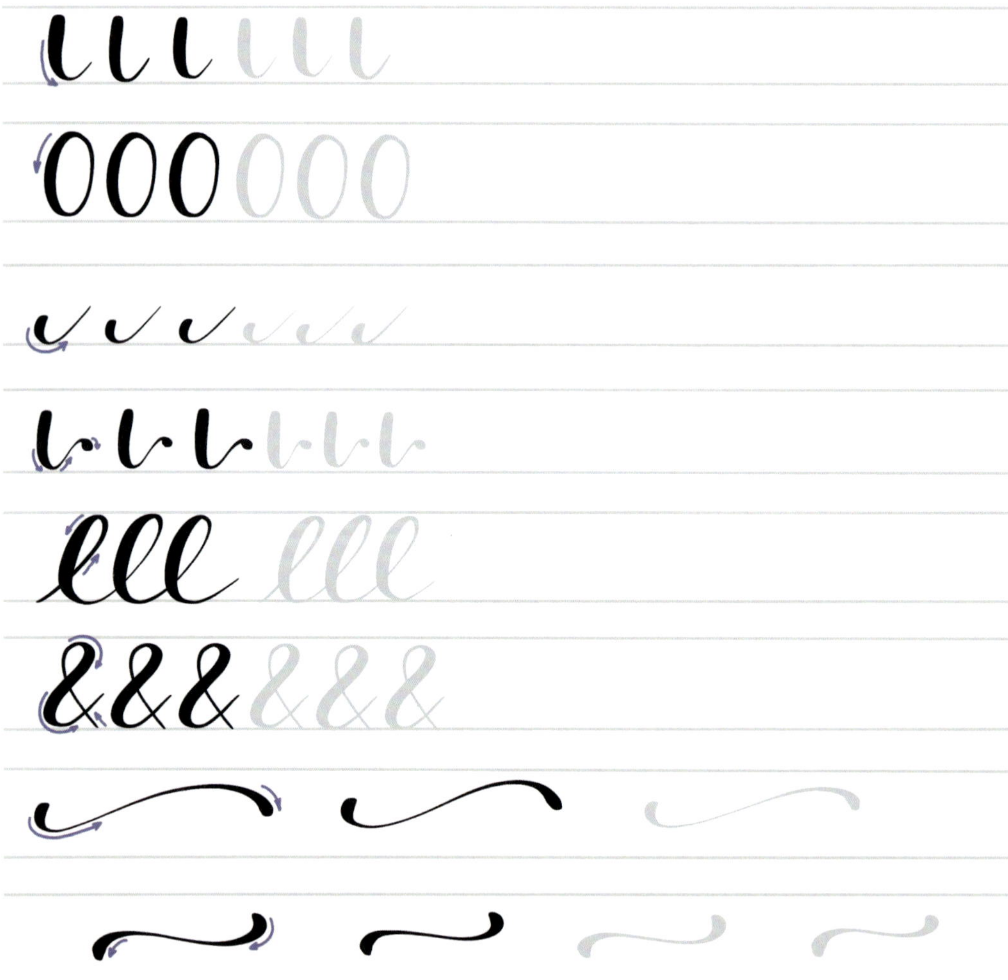

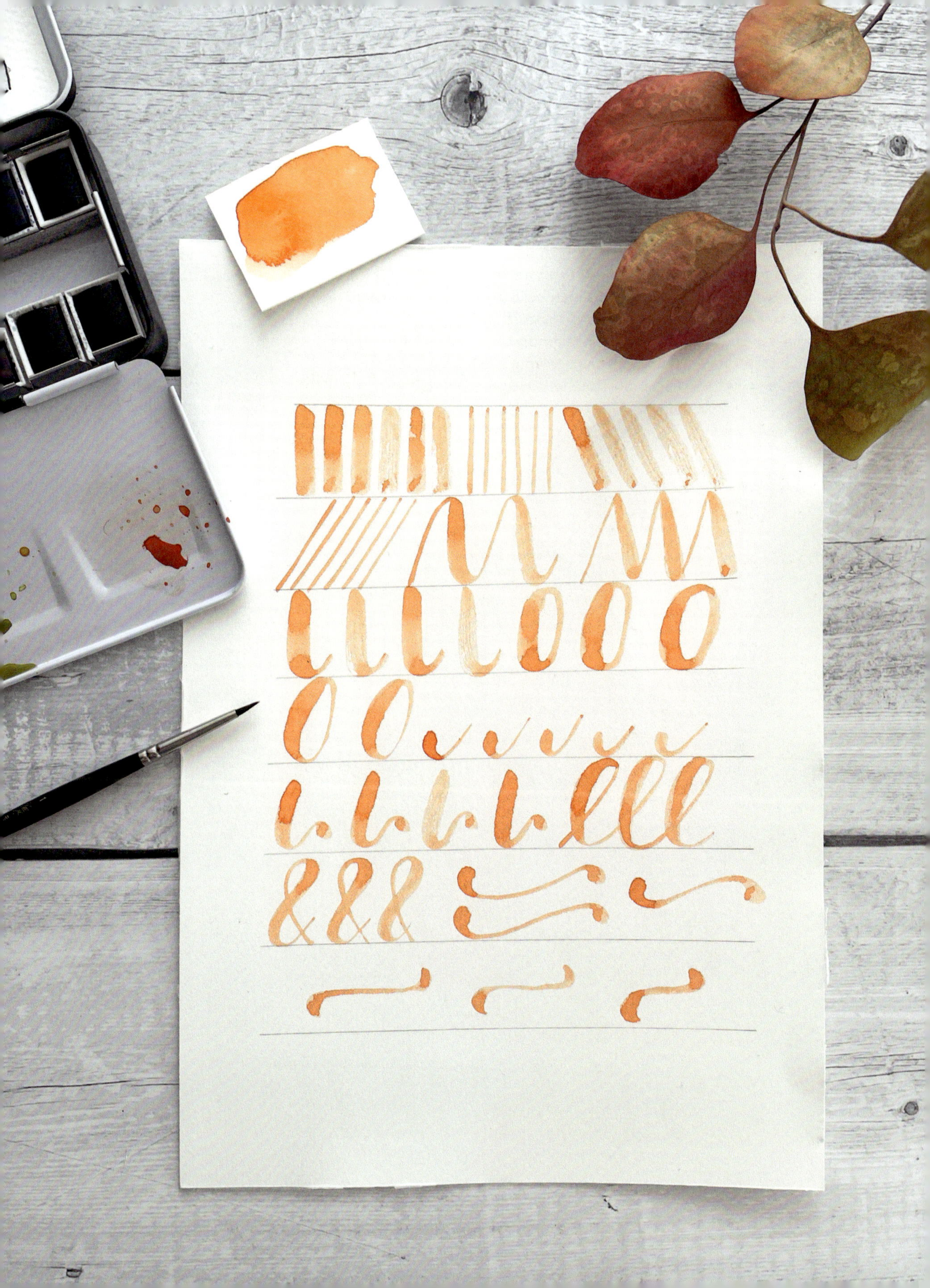

Mein Pinsel-Lettering-Alphabet

Nachdem du dein Handgelenk gut aufgewärmt hast, kannst du nun die Buchstaben des folgenden Alphabetes mit dem Pinsel nachmalen. Zur Orientierung kannst du gern mit Lineal und Bleistift Linien auf deinem Papier ziehen – aber nur ganz leicht, denn sie lassen sich meist nicht mehr entfernen, wenn du erst mit Farbe darübergemalt hast.

Tipp

Je größer die Buchstaben sind, die du gestalten möchtest, desto größer darf der Pinsel sein. Beachte aber, dass er damit auch schwieriger zu kontrollieren ist.

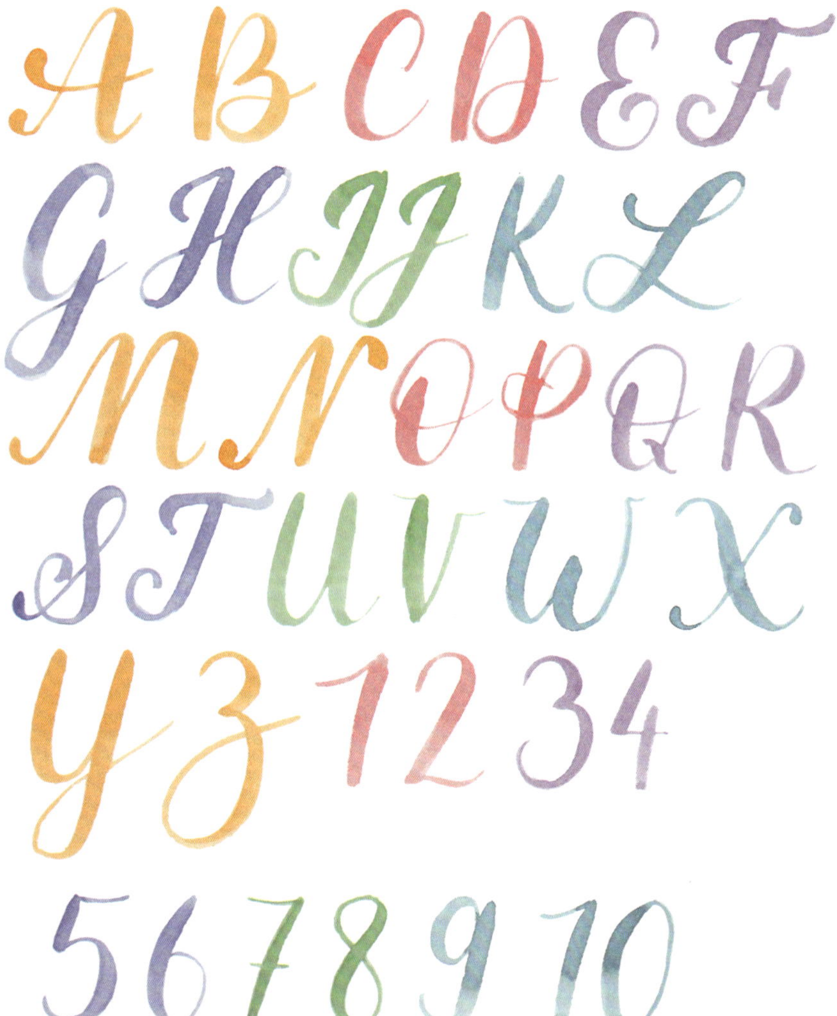

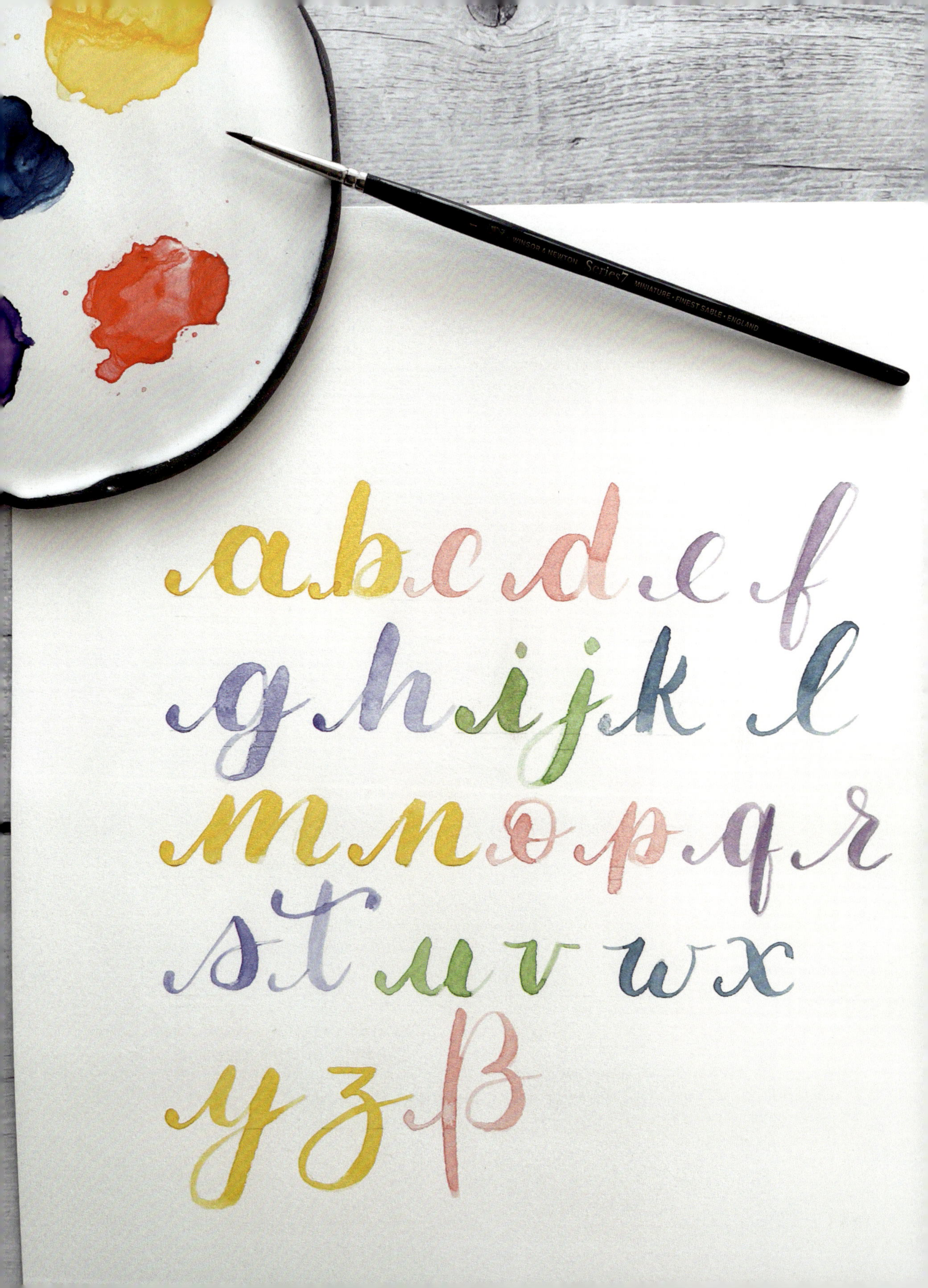
WINSOR & NEWTON Series7 MINIATURE • FINEST SABLE • ENGLAND
a b c d e f
g h i j k l
m n o p q r
s t u v w x
y z ß

Projekt

Bei diesem Projekt lade ich dich dazu ein, farbenfrohe Geschenkanhänger mit einer netten Botschaft zu gestalten. So hast du immer die passende Zugabe für ein Präsent bereit.

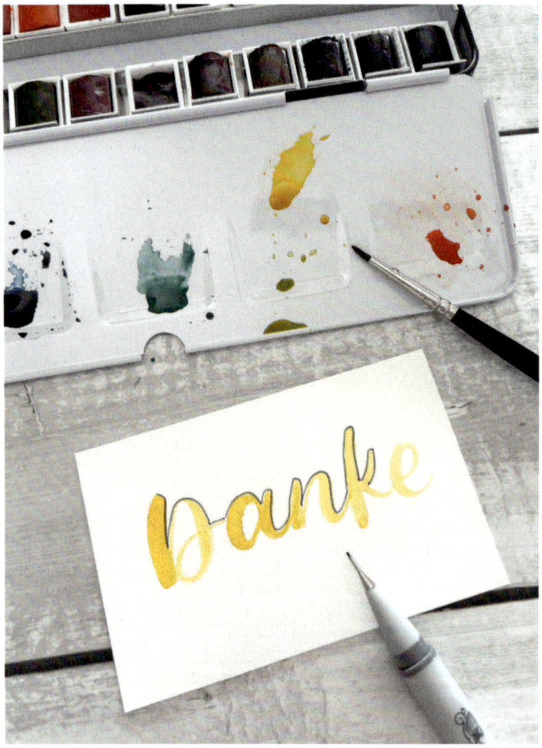

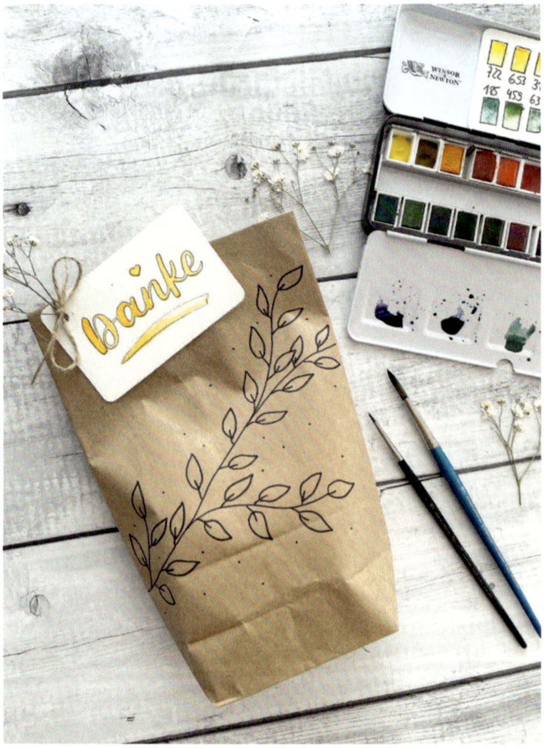

1 Schneide zuerst Papierstreifen in der Größe zu, die du verwenden möchtest. Mische die Farbe deiner Wahl auf deiner Mischpalette an. Je mehr Pigment, desto intensiver wird die Farbe. Je mehr Wasser, desto transparenter wird sie.

2 Gestalte das gemalte Wort nun mit dem kleinen Pinsel (Gr. 1). Wenn alles gut getrocknet ist, kannst du die Buchstaben mit einem Fineliner umranden oder ihnen einen Schatten geben. Vervollständige dein Lettering eventuell mit weiteren Wörtern.

3 Wenn du magst, füge noch ein paar Kleckser und Spritzer hinzu. Dafür ist es wichtig, dass du den Pinsel, nachdem du ihn in deine Farbmischung getaucht hast, noch einmal in ein Wasserglas eintunkst.

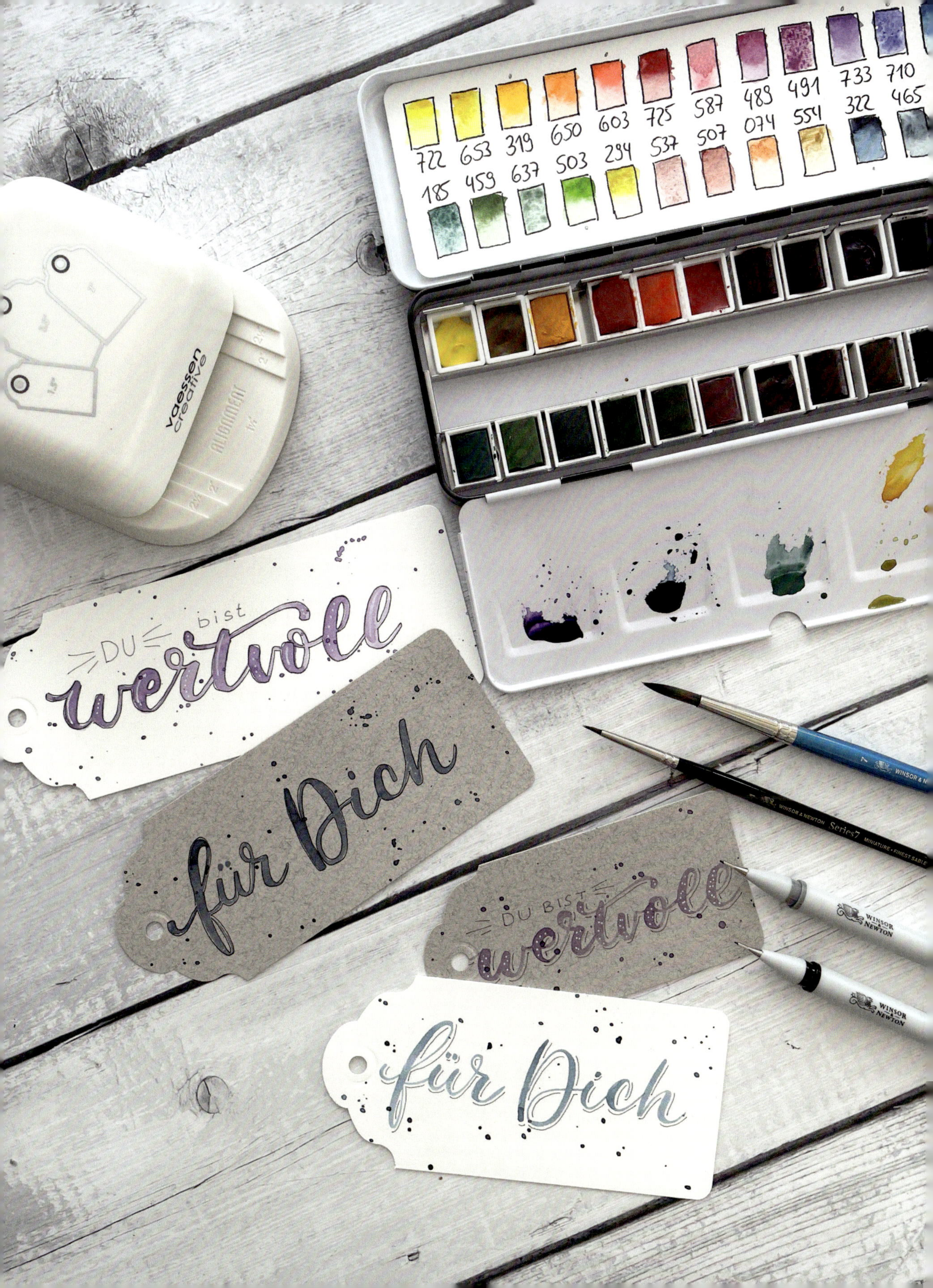
DU bist
wertvoll
für Dich
DU BIST
wertvoll
für Dich
vaessen creative
WINSOR & NEWTON
Series7

Übungseinheit 10

Bounce Lettering

Das Bounce Lettering ist eine kleine Königsdisziplin, wenn es um Lettering-Techniken geht.

Wir verabschieden uns ein Stück weit von den vorgezogenen Bleistiftlinien und lassen die Buchstaben „tanzen“. Das eigene Bauchgefühl gewinnt dabei immer mehr an Bedeutung, denn es spielt eine entscheidende Rolle, wenn es um das Thema „Schönheit oder Angemessenheit“ geht.

Ich mag diese Technik sehr, denn sie bietet ein großes Maß an Freiheit und Individualität.

Material

Für diese Übungseinheit und das Projekt nutze ich folgende Materialien:

Bristol Papier A4 von Tombow

ABT Brush Pen von Tombow, Farbnummer 817

Fudenosuke Brush Pen in Schwarz von Tombow

Schwarzer Fineliner in Stärke 0,8

Bleistift

Lineal

Radiergummi

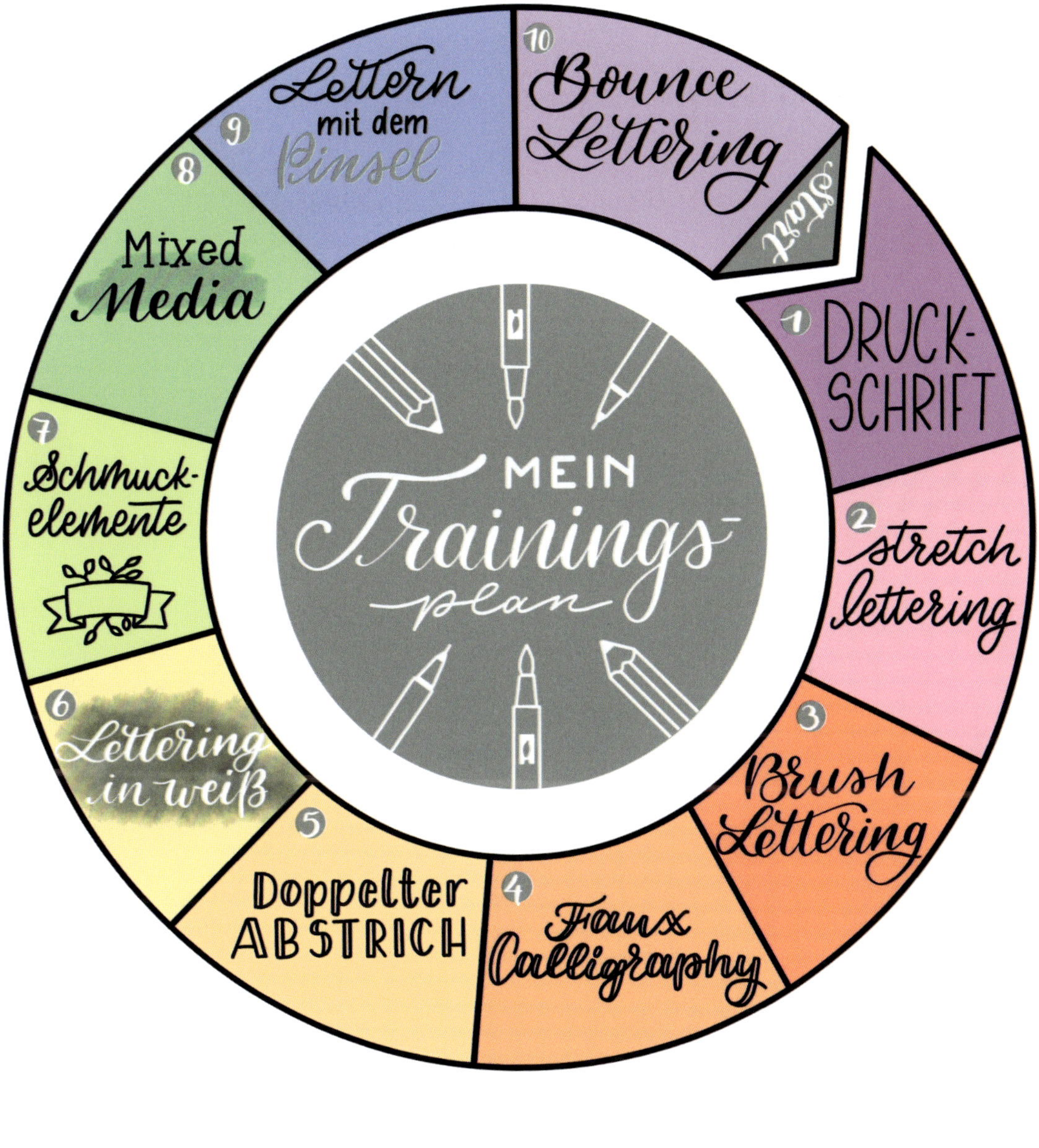
MEIN
Trainings-
plan
Start
1 DRUCK-SCHRIFT
2 stretch lettering
3 Brush Lettering
4 Faux Calligraphy
5 Doppelter ABSTRICH
6 Lettering in weiß
7 Schmuck-elemente
8 Mixed Media
9 Lettern mit dem Pinsel
10 Bounce Lettering

Aufwärmübungen

Auch in der letzten Übungseinheit beginnen wir wieder mit dem Aufwärmen. Achte dieses Mal besonders darauf, dass deine Schwünge über die untere Zeile hinausgehen. Die langen Bewegungen sollten nicht aus dem Handgelenk, sondern aus deiner Schulter kommen. Damit hast du eine größere Bewegungsfreiheit.

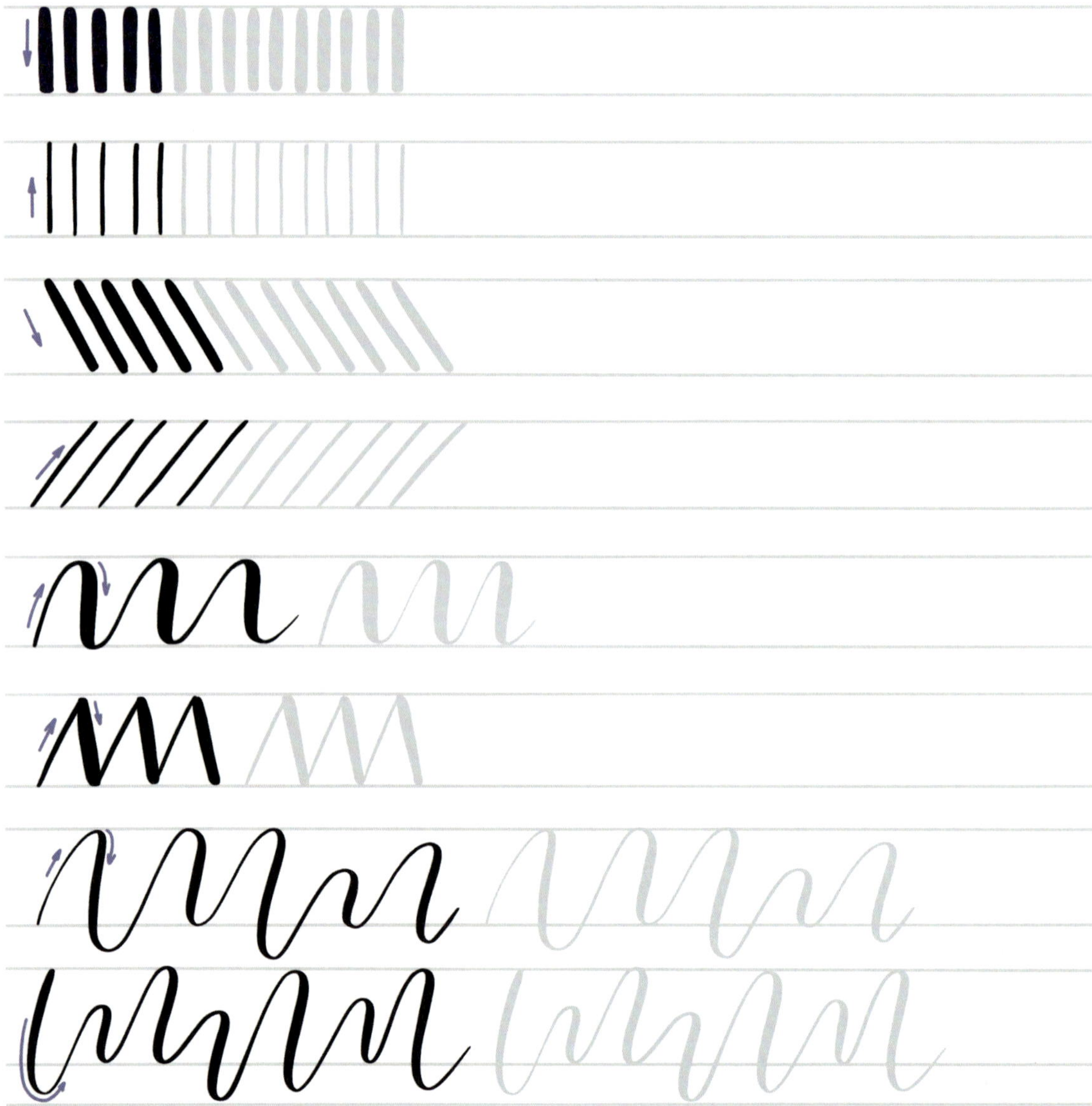

Bouncing - Wie funktioniert das?

Beim Bouncen geht es darum, die Buchstaben eines Wortes so um die Schreiblinien herum hüpfen zu lassen, dass es ungezwungen und dennoch ausgewogen wirkt. Dabei spielt dein Bauchgefühl eine große Rolle, denn es gibt dir wertvolle Hinweise, falls die Gestaltung noch nicht ausgewogen genug sein sollte. Es gibt unzählige Möglichkeiten, die Buchstaben zu bouncen. Hier möchte dir hier meine Art dieser Technik zeigen. Dabei habe ich festgestellt, dass sich manchen Buchstaben besser zum Bouncing eignen als andere.

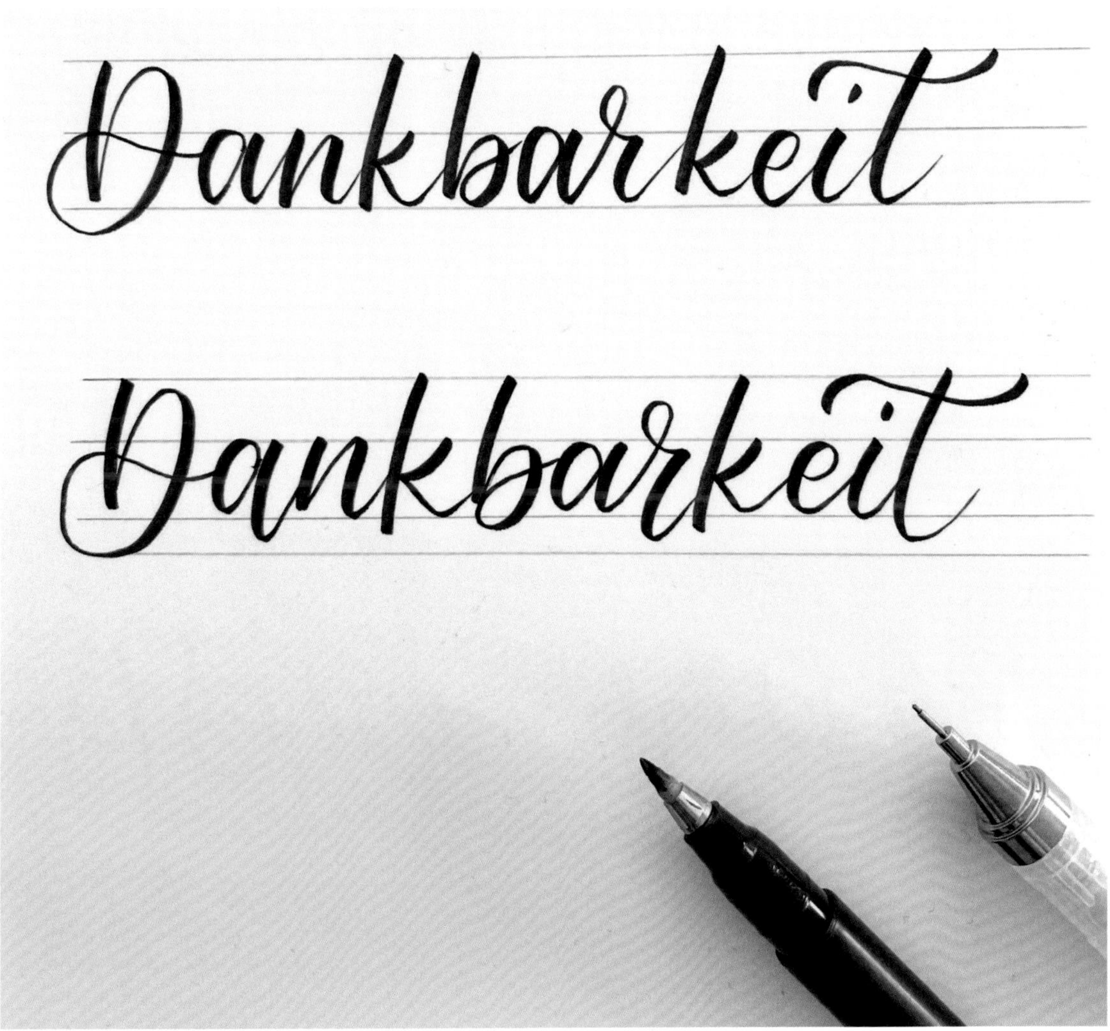

Buchstaben mit Schlaufen

Buchstaben mit Schlaufen eignen sich schon von Haus aus für das Bouncen, da sie schon in ihrer natürlichen Form über die untere Schreiblinie, auf der die meisten anderen Buchstaben liegen, hinausragen. Das heißt, durch ein kleines Verlängern oder Vergrößern dieser Schlaufen kannst du diesen Effekt noch verstärken.

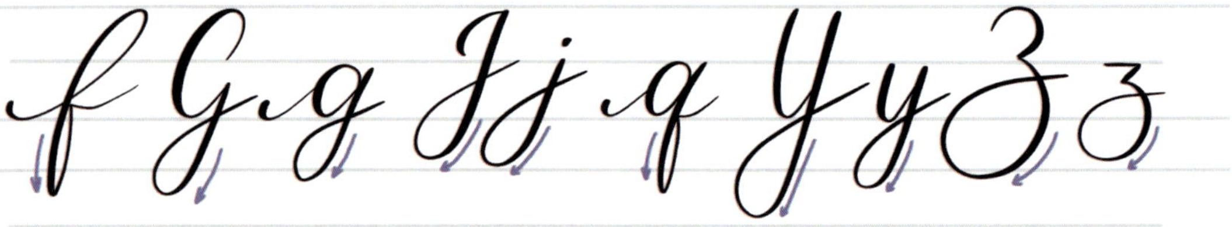

Buchstaben mit Bögen

Auch diese Buchstaben kannst du durch einfaches Vergrößern der natürlichen Bögen oder Bäuche um die Schreiblinie tanzen lassen.

Aufgabe

Übe verschiedene Schlaufenlängen und Bogengrößen von entsprechenden Buchstaben mit einem Brush Pen, um ein Gefühl für die größeren Bewegungen aus dem Handgelenk beziehungsweise deiner Schulter zu bekommen.

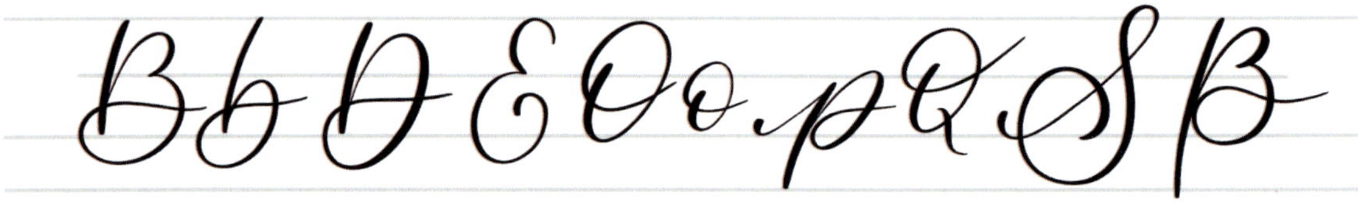

Buchstaben mit verlängertem Abstrich

Es gibt Buchstaben, bei denen du „nur“ den Abstrich zu verlängern brauchst, um den Bouncing-Effekt zu erreichen. Bei Buchstaben, die zwei Abstriche haben, verlängere ich übrigens immer nur den zweiten.

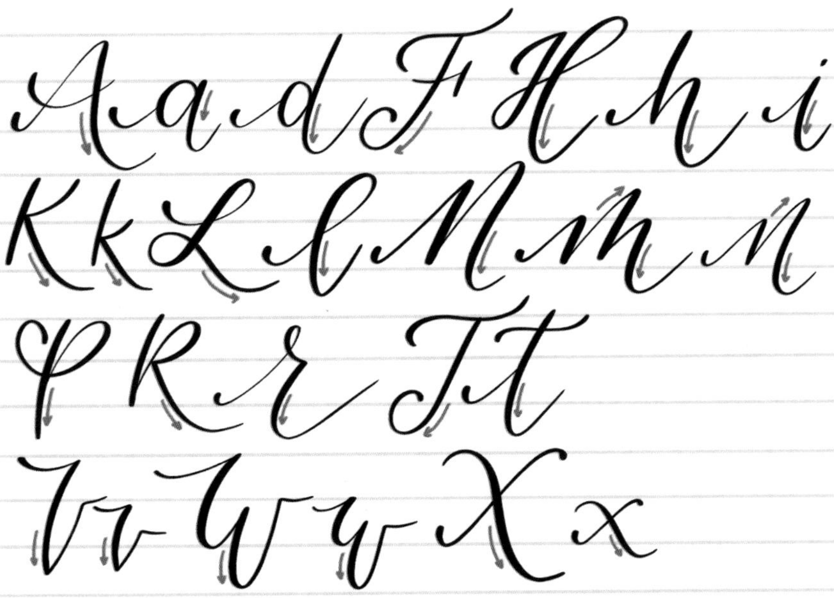

Buchstaben in ihrer natürlichen Form

Zum Schluss bleibt noch eine kleine Anzahl an Buchstaben übrig, die ich meistens in ihrer natürlichen Form belasse. Zum Beispiel kann der Großbuchstabe I durch das Bouncing schnell als J gelesen werden.

Aufgabe

Teste für dich die einzelnen Buchstaben mit verlängerter Abwärtslinie auf dem Papier. Überprüfe auch gern meine These, einige Buchstaben sollten in ihrer natürlichen Form belassen werden. Vielleicht sagt dein Bauchgefühl etwas anderes. Das ist auch völlig in Ordnung.

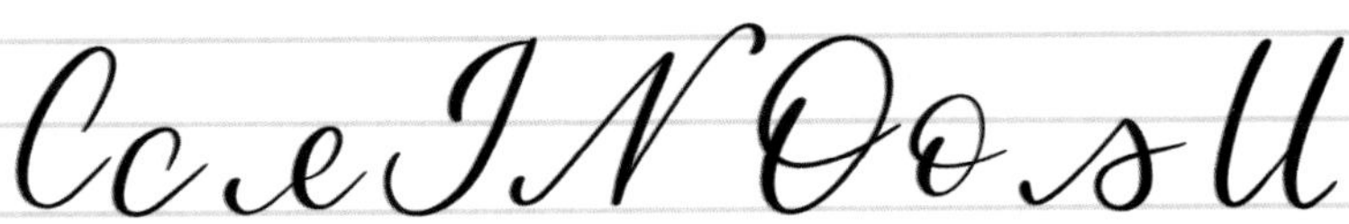

Mein Bounce-Lettering-Alphabet

Hier möchte ich dir mein komplettes Bounce-Lettering-Alphabet vorstellen. Verstehe es gern als vorübergehende Hilfe. Mit der Zeit wirst du deinen eigenen Stil entwickeln und das ist auch gut und genau richtig so.

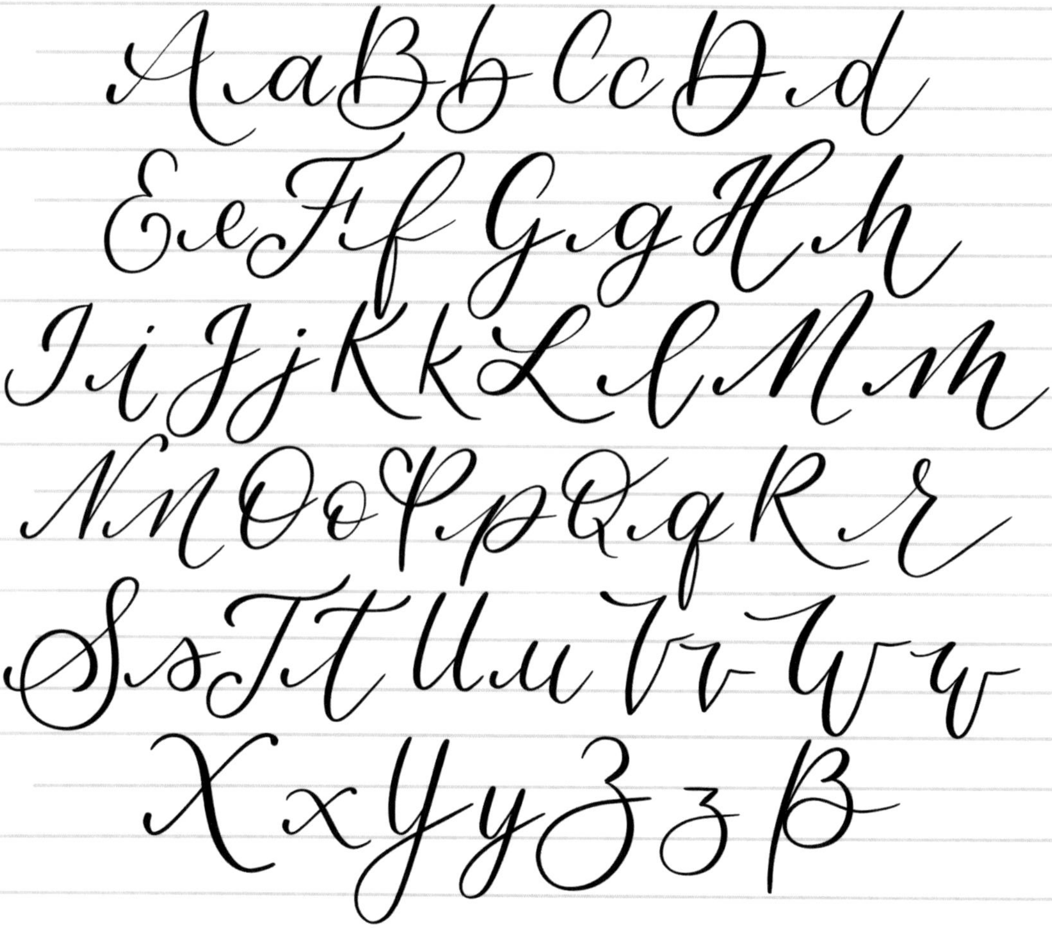

Das ausgewogene Bounce Lettering

Um den Effekt des Bounce Lettering schön ausgewogen zu gestalten, ist es wichtig, viel zu üben. Übertreibe es am Anfang bewusst ein wenig.

Aufgabe

Suche dir ein Wort aus der „Schöne-Wörter-Liste“ am Ende des Buchs aus. Lasse jeden Buchstaben dieses Wortes um deine untere Schreiblinie hüpfen. Damit du besser verstehst, was ich meine, zeige ich dir ein Beispiel. Ich habe mich für das Wort Ermutigung entschieden.

Schau dir das Ergebnis an. Wirkt das Wort in meinem Beispiel oben nicht viel zu übertrieben?

Male im nächsten Schritt die Buchstaben noch einmal in diesem Stil. Fertige dir aber vorher mit dem Bleistift ein Liniengerüst aus vier parallelen Linien an. Die ersten drei Linien sollten in gleichem Abstand zueinander verlaufen, der Abstand der vierten Schreiblinie sollte allerdings kleiner sein. Lasse dieses Mal nicht jeden Buchstaben um die Linie tanzen, sondern nur jeden zweiten. Nutze die vierte Schreiblinie sozusagen als Orientierung für das Bouncing. Achte besonders auf die Buchstaben mit den Schlaufen: Sie sollten auf jeden Fall aus der Reihe tanzen.

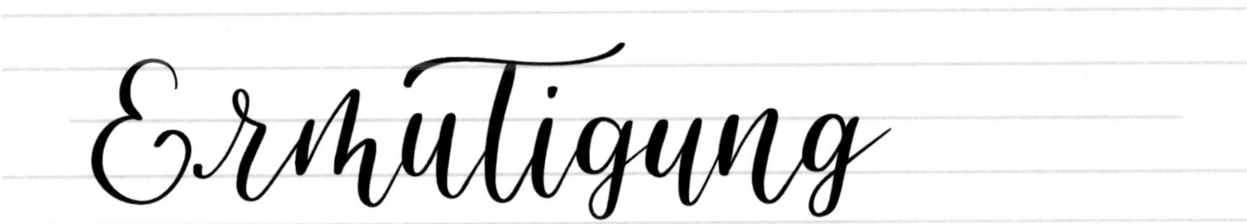

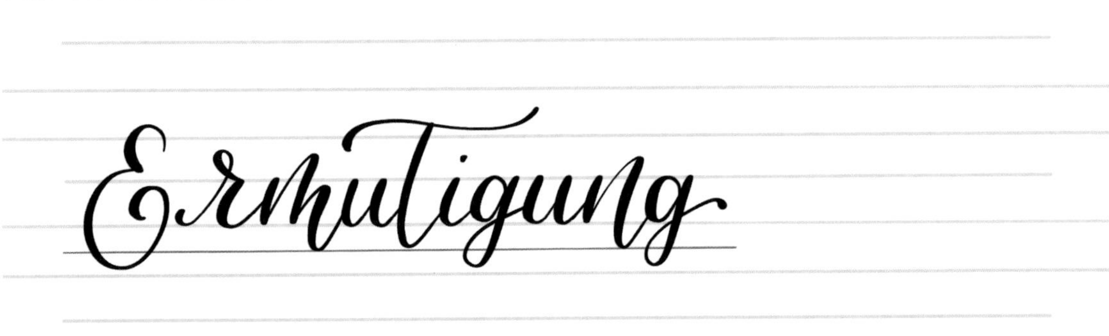

Projekt

Im letzten Projekt gestalten wir zusammen das großartige Zitat von Dietrich Bonhoeffer „Dankbarkeit macht das Leben reich“ als Lettering im A4-Format. Hier kommen mehrere Techniken zusammen, die du im Verlauf deines Lettering-Trainings kennen gelernt hast. In schönen Posterleisten oder einem Bilderrahmen kannst du deinen Lieben dein Abschlussprojekt präsentieren.

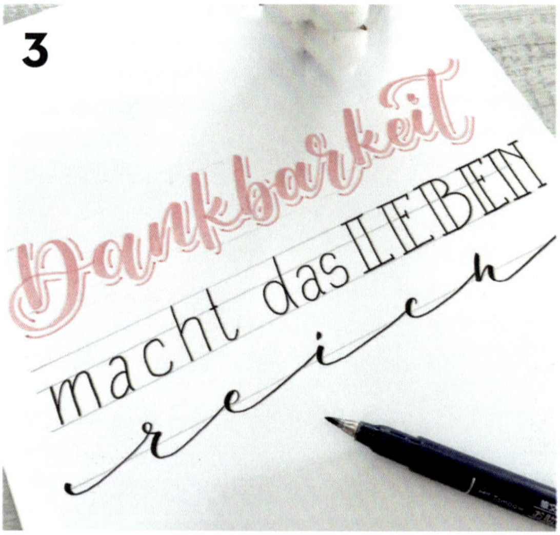

1 Zeichne zuerst mit dem Bleistift vier parallele Linien (s. Seite 111). Radiere anschließend wieder so viel weg, dass du die Linien gerade noch erkennen kannst. Male nun mit deinem ABT Brush Pen das Wort „Dankbarkeit“ in dieses Liniengerüst. Übe das Wort gern vorher noch einmal auf einem zweiten Blatt Papier, bis es dir gefällt. Teile dir den Platz auf deinem Papier gut ein, denn das Wort ist etwas länger.

2 Ziehe nun mit der Filzstiftspitze am anderen Ende des ABT Brush Pens eine Schattenlinie um dein Wort. Schau dazu gern noch einmal in der Übungseinheit 6 (s. Seite 66ff.) nach, wie das mit dem Schatten funktioniert.

3 Ziehe mit Bleistift und Lineal drei weitere Linien für die zweite Zeile. Gestalte sie mit dem Fineliner und verdopple beim Wort „Leben“ den ersten Abstrich (s. Seite 55ff.). Fülle diesen Zwischenraum später farbig aus. Zeichne für das Wort „reich“ mit Bleistift eine Linie auf dein Blatt und ziehe daran dein Wort im Stretch-Lettering-Stil entlang. Schau dazu gern noch einmal in Übungseinheit 2 (s. Seite 26ff.) nach.

4 Setze nun noch den Urheber des Zitats in einfacher Druckschrift darunter. Wenn du magst, runde dein Lettering mit einem kleinen, floralen Zweig ab. Ganz zum Schluss radierst du die Bleistiftlinien weg. Aber Vorsicht, warte bitte, bis alles gut getrocknet ist. Durch das glatte Papier nimmt dieser Prozess leider etwas Zeit in Anspruch.

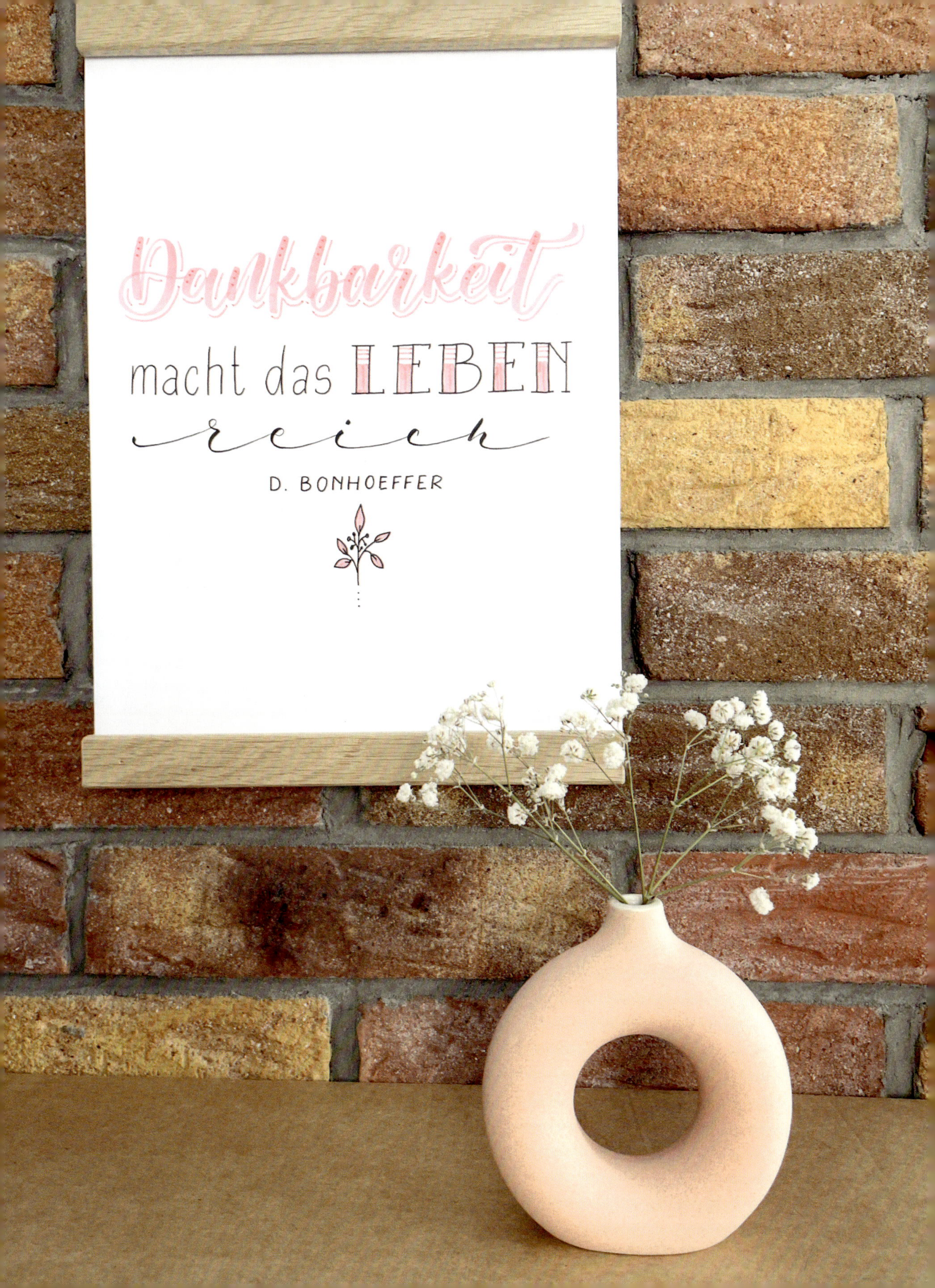
Dankbarkeit
macht das LEBEN
reich
D. BONHOEFFER

Mit Fehlern umgehen

Besiege deinen inneren Perfektionisten

Kennst du dieses Gefühl? Du schaust auf dein Werk und denkst: So sah das in meinem Kopf aber nicht aus. Mir ging es genauso, bis zu dem Tag, an dem ich mir bewusst gemacht habe, dass jedes Werk, das ich gestalte, einen wichtigen Schritt in meiner gestalterischen Entwicklung darstellt. Etwas gut oder perfekt machen zu wollen, ist ganz natürlich und nichts Schlechtes, kann aber dennoch ganz schön viel Druck bedeuten.

Sei dir deshalb immer bewusst, dass du dich durch das regelmäßige Training deiner Muskulatur und deiner Fertigkeiten am schnellsten weiterentwickelst. Deshalb empfehle ich dir, jeden Tag eine feste Zeit von mindestens 10 bis 15 Minuten einzuplanen, in denen du deine Aufwärmübungen machst und anschließend einige Wörter oder auch einen Spruch gestaltest. Das Buch liefert dir dazu einiges an Inspiration. Ich habe mir diese Zeit am Abend eingebaut. Denn das Kreativsein hilft mir, den Tag abzuschließen und zu verarbeiten.

Warum wir (Schreib-) Fehler machen

Immer wenn du dich mit dem Thema Schrift auseinandersetzt, wirst du merken, dass sich in deine Gestaltungen gelegentlich Rechtschreibfehler einschleichen. Das ist auch ganz normal so, denn wir sind so konzentriert auf das Malen schöner Buchstaben, dass manchmal die korrekte Schreibweise in den Hintergrund gerät. Außerdem werden das Malen und das Schreiben von unterschiedlichen Hirnregionen aus gesteuert. Falls dir so etwas passiert: Zweifle nicht an dir und deinen Fähigkeiten. Wichtig ist viel mehr, wie du mit diesen Fehlern umgehst. Wirf dein Werk bitte nicht weg, sondern suche einen Weg, es zu retten.

Nutze Doodles

In Übungseinheit 7 (s. Seite 76ff.) hast du ein paar Doodles kennengelernt. Vergesse ich zum Beispiel einen Buchstaben, dann nutze ich sehr gern ein Luftballon-Doodle, um den Buchstaben von oben oder unten „einfliegen“ zu lassen. Oder ich lasse den Buchstaben in einem Ball über das Blatt in Richtung des Wortes hüpfen. Das sieht lustig und vielleicht sogar gewollt aus.

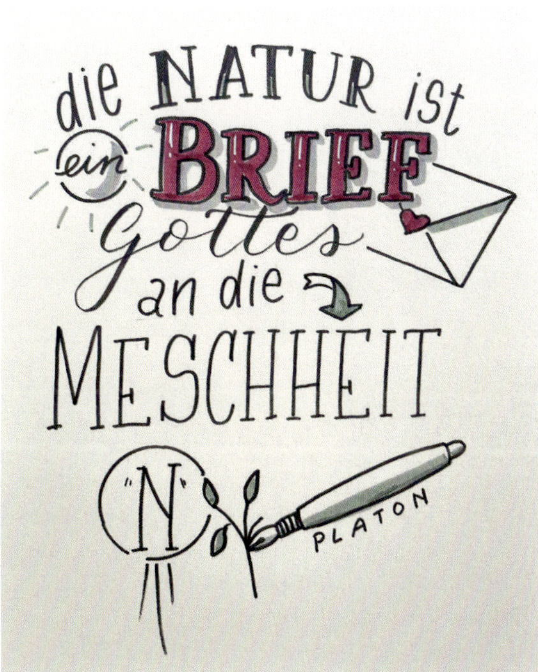

Nutze den Negativeffekt

In Übungseinheit 6 (s. Seite 66ff.) haben wir uns mit dem Thema Lettern mit weißer Schrift auf farbigem Papier beschäftigt. Sollte dir ein größeres Missgeschick passierten, kann es toll aussehen, wenn du das fehlerhafte Wort mit einem schwarzen Brush Pen komplett übermalst und in diesen Balken das richtige Wort in Weiß gestaltest. Das muss auch kein schwarzer Balken sein, sondern kann auch wieder eine Form füllen wie zum Beispiel einen Wegweiser oder ein Banner.

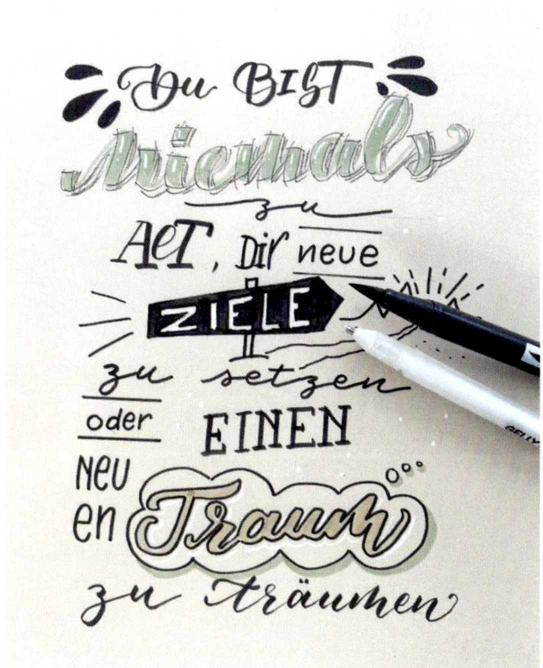

Nutze TippEx und Co

Auch mit TippEx oder Korrekturrollern lassen sich Fehler auf weißem Papier korrigieren. Hier ist es allerdings wichtig zu wissen, dass du hinterher nur schwer mit einem Brush Pen darübermalen kannst. Auch der Fineliner wird nicht mit der gleichen Strichstärke zu sehen sein.

Nutze Papierstreifen

Diese Möglichkeit der Korrektur bietet sich besonders dann an, wenn du farbiges Papier verwendet hast. Schneide einfach aus einem zweiten, gleichfarbigen Blatt einen passenden Papierstreifen in der Größe zu, die du benötigst und klebe es auf das Wort, das du korrigieren möchtest. Wenn du den Streifen gut verklebst, sieht man die Korrektur nur noch ganz schwach.

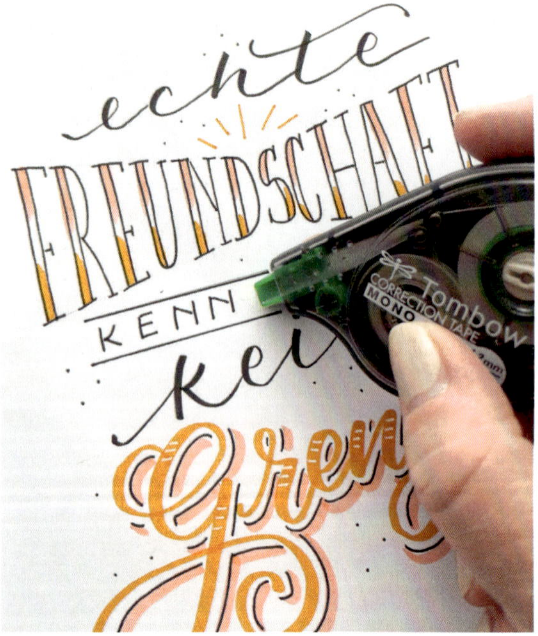

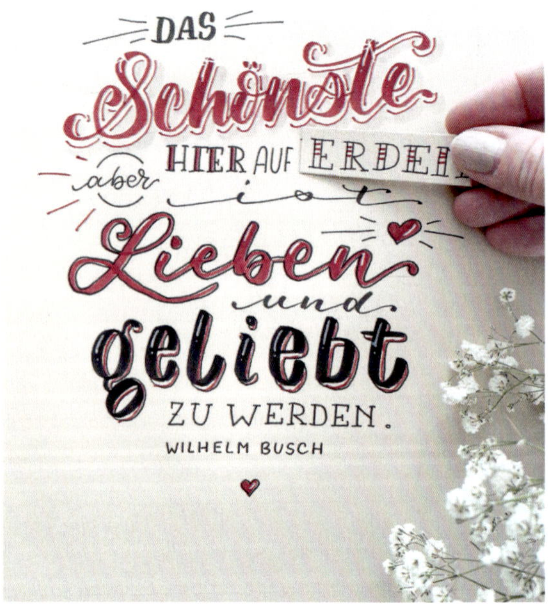

Hebe deine Werke auf

Ich habe zu Hause eine Mappe mit meinen allerersten Schriftgestaltungen. Ich hole sie immer wieder gern heraus, um durchzublättern und wahrzunehmen, wie ich mich weiterentwickelt habe. Eine solche Mappe empfehle ich dir ebenfalls. Denn besonders in den Phasen, wo man das Gefühl hat, dass man nicht besser wird, hilft ein Blick zurück.

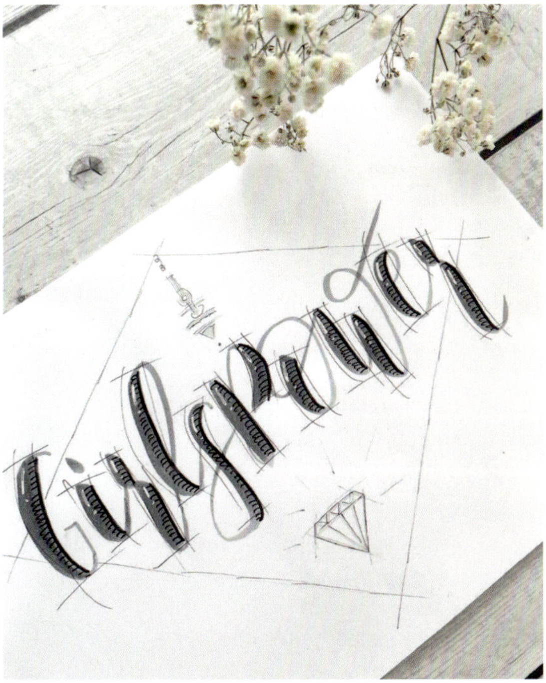

Motivationsschub am Schluss

Zum Schluss möchte ich dir noch ein paar Tipps mit auf den Weg geben, die dich bei deinen Übungen motivieren können.

Lass dir Zeit beim Üben

Sei nicht ungeduldig mit dir. Das Gestalten von Schrift, besonders mit dem Brush Pen oder dem Pinsel, erfordert viel Übung. Und das braucht Zeit. Nimm sie dir und erwarte nicht, dass du die Technik innerhalb weniger Stunden sofort beherrschst. Erst das regelmäßige Training deiner Muskeln in Hand, Arm und Schulter mit dem Stift wird auf Dauer den Erfolg bringen.

Vergleiche dich nicht

Wenn du zum Beispiel auf Instagram unterwegs bist, wirst du viele Schriftkünstler:innen mit großartigen Werken finden. Da kann es leicht passieren, dass du Vergleiche zu deinen eigenen Werken ziehst. Was man aber in diesen Bildern nicht sieht ist, wie lange die jeweiligen Künstler:innen gebraucht haben, um an diesen Punkt zu kommen. Wenn du in meinem Instagramfeed (@katja.visualisiert) ganz nach unten scrollst, wirst du meine ersten Postings finden. Die sehen ganz anders aus als meine heutigen Werke.

Lass dich lieber inspirieren. Schau dir zum Beispiel nur die einzelnen Buchstaben verschiedener Künstler:innen an. Wie gestalten sie die Formen? Kreiere dein eigenes, individuelles Alphabet. Oder schau dir an, welche Schmuckelemente genutzt werden, um den Weißraum ausgewogen zu füllen. Das macht viel mehr Spaß als der direkte Vergleich mit den Arbeiten anderer.

Denke immer daran, dass dich deine Kreativität mit Freude erfüllen sollte.

Tausche dich mit Gleichgesinnten aus

Vielleicht hast du in deinem Umfeld liebe Menschen, die sich auch für das Thema Lettering interessieren. Sonst verbinde dich in den sozialen Medien mit kreativen Personen. In vielen Städten gibt es Lettering-Stammtreffs, wie zum Beispiel hier in Stuttgart. Wichtig ist: Ermutigt euch gegenseitig, gebt euch Tipps und inspiriert euch. Der Austausch mit Gleichgesinnten ist für mich das eigentlich Schöne und hat meine Entwicklung entscheidend bereichert.

Wiederhole die Übungseinheiten

Bleib immer im Training. Wiederhole die Übungseinheiten in diesem Buch. Nutze für dein Training neue Wörter aus der „Schöne-Wörter- und „Sprüche-Liste“ am Ende des Buchs. Kombiniere die einzelnen Schriftarten immer wieder neu. Du wirst merken, dass das Buch ein fast unerschöpflicher Quell an Möglichkeiten ist, sich auszuprobieren und zu lernen.

Und darum geht es doch: etwas zu lernen, um sich und andere zu erfreuen.

Ich wünsche dir zum Schluss wunderbare Stunden beim Erlernen deines neuen Hobbys und nebenbei mit dir selbst.

Deine Katja

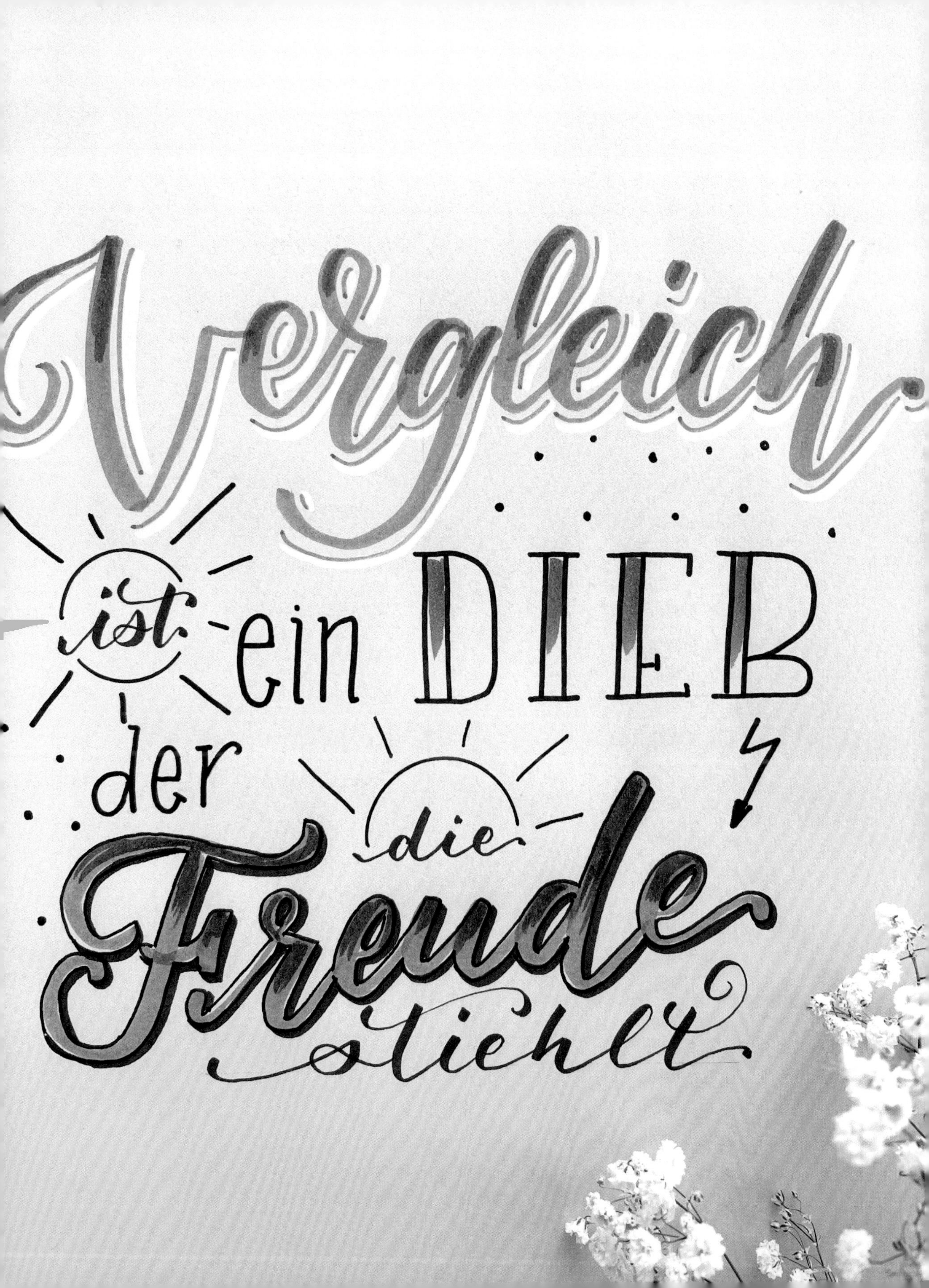
Vergleich
ist ein DIEB
der die
Freude
stiehlt

Schöne-Wörter-Liste

Liebe
Engel
Neustart
Familie
Frieden
Respekt
Abendrot
Schönheit
Luftschloss
Glückselig
Ausdauer
Zuversicht
Freundschaft
Vertrauen
Ewigkeit
Sehnsucht
Dankbarkeit
Hoffnung
Durchhalten

Nächstenliebe
Regenbogen
Sanftmütig
Pusteblume
Augenschein
Gastfreundschaft
Zufriedenheit
Gesundheit
Sommerfrische
Glückskind
Sternschnuppe
Himmelszelt
Erinnerung
Morgendämmerung
Herzensmensch
Blumenwiese
Traumtänzer
Gänseblümchen
Gemütlichkeit

Sprüche-Liste

»Schön, dass es dich gibt.«

»Dankbarkeit macht das Leben reich.«
– Dietrich Bonhoeffer

»Wir haben genug Zeit, wenn wir sie nur richtig verwenden.«
– Joh. Wolfgang von Goethe

»Heute ist der perfekte Tag, um glücklich zu sein.«

»Wer seinem Stern folgt, kehrt nicht um.«
– Leonardo da Vinci

»Wer den Tag mit einem Lachen beginnt,
hat ihn bereits gewonnen.« – Cicero

»Unser Leben kann nicht immer voller Freude,
aber immer voller Liebe sein.« – Thomas von Aquin

»Da wo die Liebe ist, da ist der Sinn des Lebens.«
– Dietrich Bonhoeffer

»Mögest du stets ein Auge haben für die stillen
Wunder um dich her!« – Irischer Segen

Buchempfehlungen für Dich

Noch mehr Lust auf hübsche Letterings? Hier sind noch weitere Bücher und Papierprodukte zum Thema

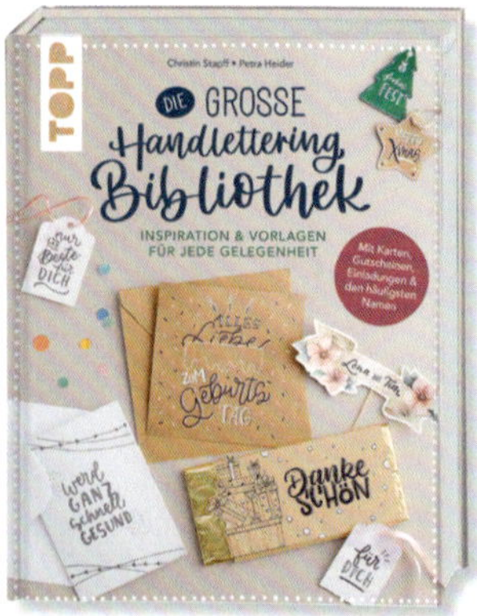

ISBN 978-3-7724-4786-0

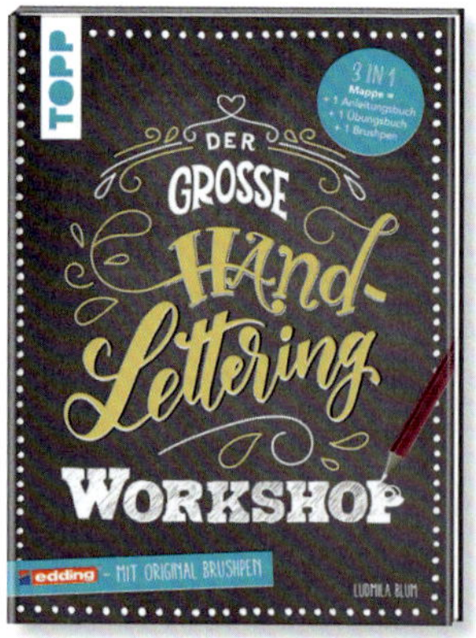

ISBN 978-3-7724-8341-7

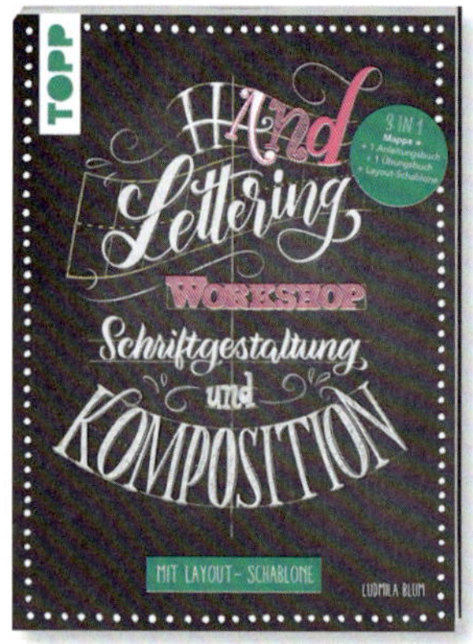

ISBN 978-3-7724-8396-7

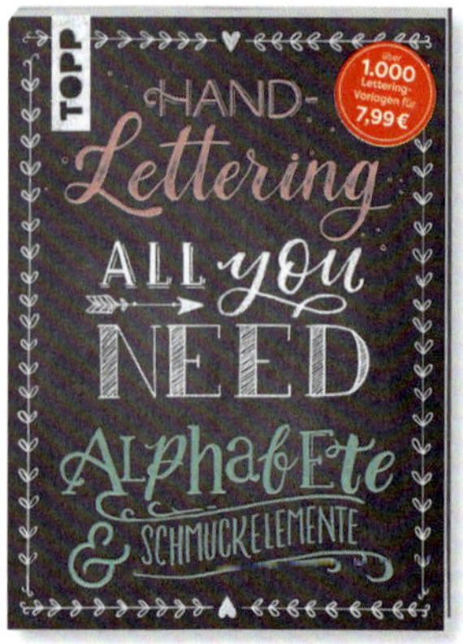

ISBN 978-3-7724-8375-2

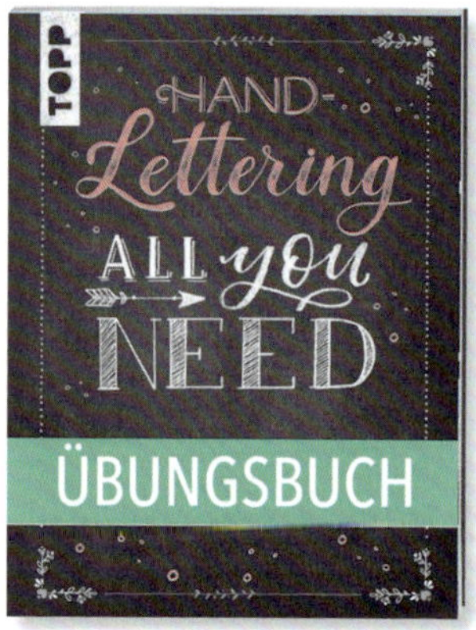

ISBN 978-3-7724-8381-3

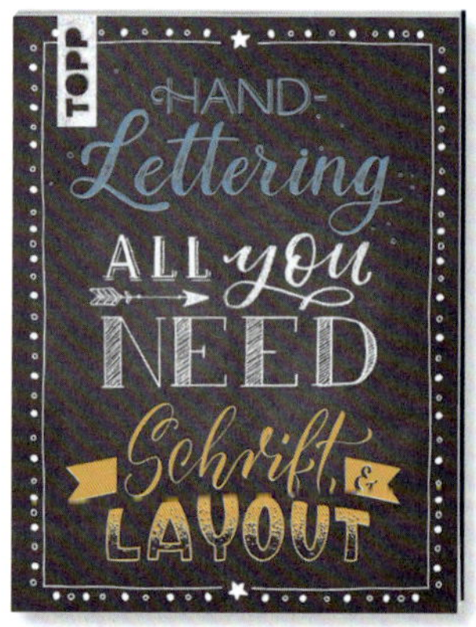

ISBN 978-3-7724-4798-3

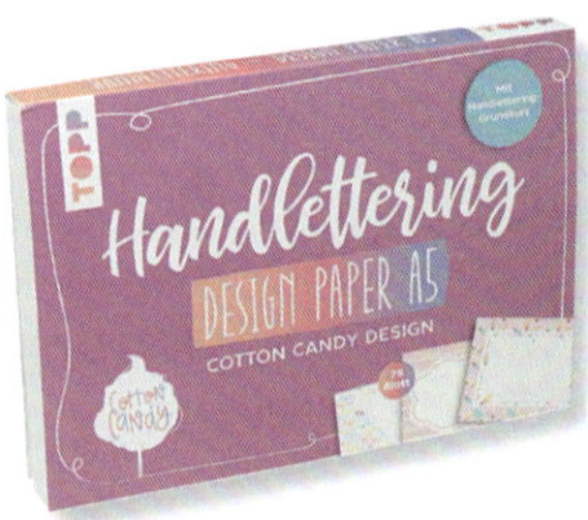

GTIN 4007742182458

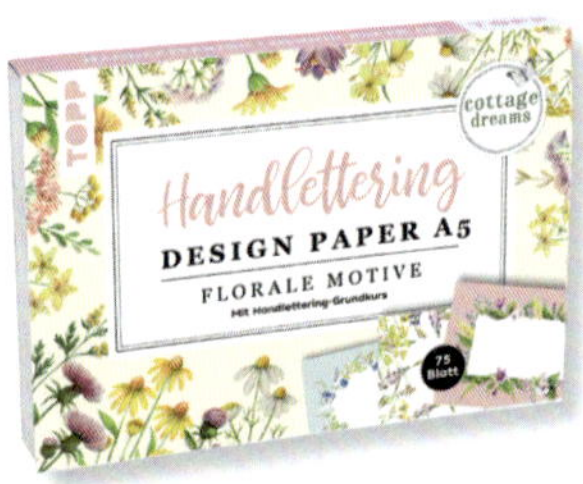

GTIN 4007742182175

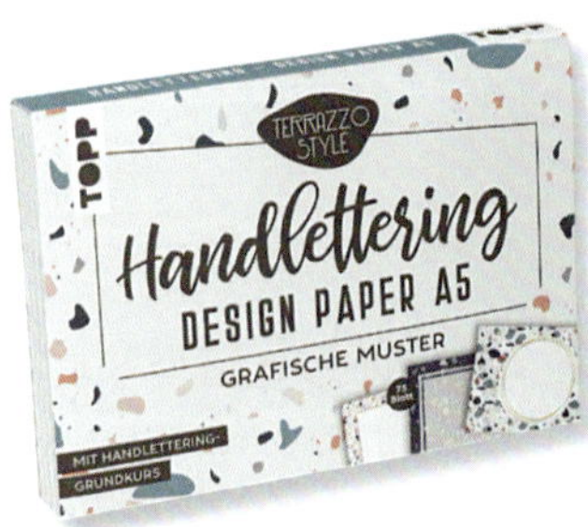

GTIN 4007742182489

Viele weitere Kreativ-Bücher findest du auf www.TOPP-kreativ.de

#TOPPPROJEKT

Die eigene Kreativität zeigen: TOPPprojekt mit anderen Kreativen teilen und Teil der Gemeinschaft werden.

DIY-begeistert und auf Instagram?
Dann unbedingt mitmachen! Hier gibt's Tipps und Feedback zu den eigenen Projekten. Außerdem verlosen wir jeden Monat ein Überraschungspaket. Um am Gewinnspiel teilzunehmen, einfach ein Bild vom Kreativ-Projekt aus unseren Büchern mit #TOPPprojekt posten und unserem Account @frechverlag folgen.
Mehr Infos auf TOPP-kreativ.de/TOPPprojekt

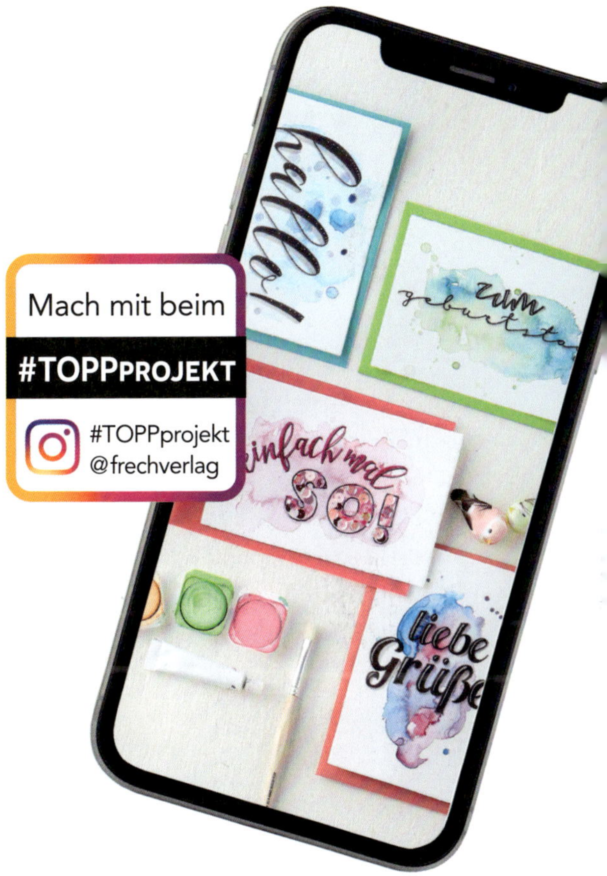

Website
Auf TOPP-kreativ.de kannst du ein riesiges Angebot von über 1.000 Kreativbüchern, Sets & mehr entdecken.

Newsletter
Gleich anmelden unter: TOPP-kreativ.de/newsletter und immer als Erstes von unseren Neuheiten und Sonderaktionen erfahren.

Instagram
@frechverlag

Pinterest
pinterest.com/frechverlag

Facebook
facebook.com/frechverlag

DigiBib
Hier findest du zusätzlich zu vielen unserer Bücher digitale Extras, wie Video-Tutorials, Plotter-Dateien, Vorlagen, Übungsblätter & vieles mehr. Einfach im Impressum deines TOPP-Buchs den Freischalte-Code nachschlagen und exklusive Inhalte freischalten.
TOPP-kreativ.de/digibib

Youtube
youtube.com/frechverlag

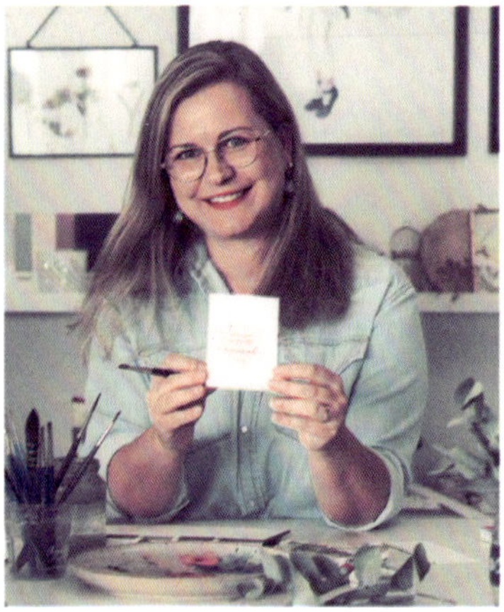

Ich bin Katja von katja.visualisiert auf Instagram. Meine Liebe zu Buchstaben und Farben habe ich erst in den letzten Jahren wieder neu für mich entdeckt. Seitdem vergeht kein Tag, an dem man mich nicht mit einem Stift oder Pinsel in der Hand antrifft. Mir ist es ein Anliegen, anderen Mut zu machen und sich kreativ auszuprobieren. Denn ich glaube ganz fest, dass in uns allen das Potenzial steckt, sich kreativ auszuleben. Es braucht nur Zeit und Übung.

Finde Deine Kreativität!

KREATIV-HOTLINE

Hilfestellung zu allen Fragen, die Materialien und Bücher zu kreativen Hobbys betreffen: Frau **Erika Noll** berät Sie. Rufen Sie an oder schreiben Sie eine E-Mail!

Telefon: 07 11 / 123 757 20 *

*normale Telefongebühren

E-Mail: mail@kreativ-service.info

IMPRESSUM

Der Freischaltcode für Materialien in der DigiBib lautet:
57254

Fotos: frechverlag GmbH, 70499 Stuttgart; Katja Reiter, Weil der Stadt

Produktmanagement: Lisa Sutor

Lektorat: Betz Lektorat + Redaktion, Tübingen

Layout und Satz: Bernadett Linseisen (schere.style.papier), München

Druck und Bindung: Neografia, Slowakei

2. Auflage 2023

ISBN: 978-3-7358-8010-9 Best.-Nr. 28010

FSC www.fsc.org MIX Papier | Fördert gute Waldnutzung FSC® C020353

Penguin Random House Verlagsgruppe
FSC® N001967